TEAM Snow Man

Snow Man

池松紳一郎

太陽出版

プロローグ

昨年、2023年5月26日の京セラドーム公演からスタートした、Snow Man初の4大ドームツアー『Snow Man 1st DOME tour 2023 i DO ME』。

「ジャニーズ事務所の先輩たちで完全なる5大ドームツアーを行えたのは、SMAP、KinKi Kids、嵐、関ジャニ∞の4組しかいません。今回のSnow Manのように、鬼門はどんなアーティストでも集客が落ちる札幌ドーム。しかしCD売上げや今回の4都市（ドーム）・10公演の集客力を見ても、5組目の快挙を達成するのはSnow Man以外に考えられない」（テレビ朝日スタッフ）

5/26～28にかけて京セラドーム大阪で3公演、6/10～12にかけて東京ドームで3公演。6/17～18にかけて福岡PayPayドームで2公演、7/1～2にはバンテリンドーム ナゴヤで2公演。

そんなSnow Manのドームツアー、東京ドームの初日には松本潤が訪れていたことを翌日のライブMCで深澤辰哉が明かし、さらには——

『松本さんとライブ終わりで会うことができなかったので「お話ししたかったです」と連絡したら、すぐに「今からウチ来る?」の返信をいただけたので、照と阿部ちゃんの3人でお邪魔した』

——などとドヤっていたのが懐かしい。

そのSnow Man『Snow Man 1st DOME tour 2023 i DO ME』の映像コンテンツが、2023年から2024年にかけての「オリコン週間DVDセールスランキング」と「オリコン週間Blu-ray Discセールスランキング」で、ともに年またぎの1位に輝き、音楽映像作品を合算した「週間ミュージックDVD・Blu-ray Discランキング」でも堂々の1位を獲得。

2023年は旧ジャニーズ事務所も史上最大の嵐に見舞われたが、グループとしては幸先のよい2024年のスタートとなった。

「そもそもこのツアーは2023年5月29日付でグループ初の初週ミリオンセールスを記録した『i DO ME』を引っ提げた、初の4大ドームツアー。そのツアーから（東京ドーム公演）の映像作品が1位を獲得するのとしないとでは、メンバーとファンのモチベーションが大きく左右されてしまう。新事務所STARTO ENTERTAINMENTがこの春から本格的にスタートするにあたり、Snow Manがますます飛躍するための、いわば〝助走〟になってくれたのではないでしょうか」（同テレビ朝日スタッフ）

またこれはあくまでも〝噂〟レベルの話だが、2023年、北海道日本ハムファイターズの新ホーム球場としてオープンし、大人気を博した〝エスコンフィールドHOKKAIDO〟での〝ジャニーズ初〟コンサートが、「この夏、Snow Manで行われるのではないか?」……との情報も流れてきている。

もしそれが実現すれば大きな話題になるし、2024年以降の〝5大ドームツアー〟の概念が変わるかもしれない。

「エスコンフィールドは天然芝球場なのでステージや客席の設営にかなり制限がかかりますが、それでも球場側と製作サイドが知恵を振り絞り、何とか実現にこぎ着けて欲しい」（同前）

2024年のSnow Manは、男性アイドル界のトップランナーとして、その存在感をまざまざと見せつけてくれるに違いない——。

目次

1st Chapter

岩本照

Hikaru Iwamoto

—TEAM SnowMan—

初演出舞台に臨んだ〝演出家・岩本照〟の想い

2023年10月4日から28日にかけて新橋演舞場で上演されたのが、岩本照演出、美 少年が主演を務めたミュージカル『少年たち 闇を突き抜けて』だった。

『中にはジャニー（喜多川）さんのイメージが強いこの作品について、
いろいろと言う人がいたかもしれないけど、
Snow ManとSixTONESはもちろん、
旧ジャニーズ事務所時代から脈々と受け継がれたジュニアの登竜門的な作品。
亡くなったジャニーさんから滝沢くんが（演出を）引き継いで、去年から俺が引き継いだ。
そのバトンは俺がしっかりと握り締め、いつか次の走者にバトンタッチしたい』〈岩本照〉

今から約55年前の1969年12月、フォーリーブスのアルバム『フォーリーブス・ヤング・サプライズ少年たち ―小さな抵抗―』から派生して製作されたのが、記念すべき第1作『少年たち ―小さな抵抗―』。

そこからフォーリーブス主演で6作品が上演され、さらにフォーリーブス結成10周年記念リサイタル『少年たちパートⅡ～青春の光と影』でシリーズ化が確立。

旧ジャニーズファンの間では主に旧ジャニーズJr.がデビューするまでの登竜門、通過儀礼的な位置付けで支持されてきたミュージカルが『少年たち』シリーズだ。

近年はジュニアの登竜門のみならずデビュー直後の若手が出演することもあり、2015年からは〝戦争と平和〟をテーマに上演。2019年3月には旧ジャニーズ舞台から初の映画化『映画 少年たち』も封切られ、現SixTONES、Snow Man、なにわ男子らを筆頭に総勢100名の(当時)東西ジャニーズJr.が出演。2012年の少年刑務所を舞台に、赤房のSixTONESと青房のSnow Manの対立、そんな彼らを面白がって揶揄する黒房のなにわ男子をメインに、やがて仲間となり明日への一歩を踏み出していく少年たちの姿が描かれた。脇役として関ジャニ∞・横山裕が看守役、A.B.C.-Z・戸塚祥太が児童相談施設の後見人役で出演している。

『俺はミュージカル版にも出演していたけど、
映画版では監督から、
「自分たちがなぜ少年刑務所にいるのか、
脚本に書かれていない人物のバックボーンもイメージして欲しい」と言われていたから、
脚本に目を通したその日から必死に考えて、まわりの友だちとか大人にも意見をもらいながら、
いかに自分自身で考えたりイメージしたりすることが大切か、
真に学んだ作品になりましたね。
俺は去年（2023年）の『少年たち 闇を突き抜けて』で、
初めて演出サイドとして関わることができて、
主演の美 少年にも〝自分で考える、イメージする〟大切さは最初に伝えました。
もちろん今年以降もできる限り長く、演出に関わって後輩のジュニアたちを引き上げたい』

――力強く語る岩本照。

この岩本のような先輩がいてくれることこそが旧ジャニーズ事務所の伝統であり、STARTO ENTERTAINMENTも先輩たちの力を活かしていかなければならないのだ。

3年連続の出演かつ単独初主演となった美 少年は、滝沢秀明氏の演出と岩本照の演出、双方を経験。

特に岩本演出について――

『〝ここをこうやりなさい〟……ってだけじゃなく、
その場面場面で自分が演じる役を深掘りすることを教えてもらったので、
きっと今までとは違う新しい『少年たち』、
〝新しい美 少年〟をお届けできたと思ってます』〈岩﨑大昇〉

――と振り返り、それぞれのメンバーも同様に、

『美 少年の新たな一面を引き出していただいた。
たくさんの学びや気づきがあった』

――と自信を深めていた。

『確かに俺にとっても記念すべき初演出作品だったけど、
あくまでも主役は主演の美 少年。
看守長役の内博貴くんの力も借りて、美 少年を高みに引き上げたかった。
美 少年ファンの皆さんにも、
〝こういう姿は見たことがない〟と感じていただけたのか、
それはいまだに気になるけど』

岩本照は上演前、自身が演出を務めた『少年たち 闇を突き抜けて』について、こんな言葉も残している――。

『初演出だから頑張ったわけじゃないけど、
ポスター、ロゴデザイン、美 少年グッズ、パンフ、
美 少年とまわりのキャストが着る衣装、サブタイトル――全部俺が決めた。

純粋に楽しかったし、台本の修正から関わって「ここはこういう感じにしたい」とか全部やった。

各セクションの信頼するプロと映像や音響、照明、衣装を話し合って、振り付けもした。

でも美 少年とは現場でのコミュニケーションは取るけど、ご飯に行ったりはしなかった。

そこは一定の距離感が必要だからね。

年齢も経験も〝こうなりたい〟とかも違えば〝こうやりたい〟もそれぞれで違うわけで、
距離感が縮まれば誰かの意見を聞いてやりたくなるじゃん？

それだけは避けたかった。

俺もプロだから』

――そう話す岩本照。

ただし美 少年に対しては——

『〝俺にいろいろ言われてこうなったんだろうなぁ～〟っていう姿、後輩の頑張ってる姿は先輩として最大限見守っていきたいし、たまには「お前らもっとできるだろ！」——とか叱咤激励もしてやりたい』

そこには厳しい演出家ではなく、優しい先輩の眼差しをした岩本照がいた——。

連ドラ単独初主演で飛躍する〝役者・岩本照〟

エピローグでも触れているが、2024年1月クール、Snow Manはメンバー9人のうち5名が連続ドラマに出演している。

★岩本照『恋する警護24時』(テレビ朝日系)
★深澤辰哉『春になったら』(フジテレビ系)
★渡辺翔太『先生さようなら』(日本テレビ系)
★向井康二『リビングの松永さん』(カンテレ/フジテレビ系)
★宮舘涼太『大奥』(フジテレビ系)

そして皆さんご承知の通り、岩本照と渡辺翔太は単独での連ドラ初主演を果たし、さらに目黒蓮は2024年7月クールでフジテレビ系月9ドラマでの主演が決定している。

「連ドラのみならず、1月クールが放送されている2月には佐久間大介くんが話題作『マッチング』(2月23日公開)に出演し、その役柄(狂気的ストーカー)も話題を集めるでしょう。こうしてメンバー個々が演技の仕事で個性を発揮していくことで、グループにも大きな相乗効果をもたらせてくれています」(フジテレビ制作スタッフ)

中でも岩本照が連続ドラマ単独初主演を務めるテレビ朝日系オシドラサタデー枠『恋する警護24時』は、その初回見逃し配信再生回数がオシドラサタデー枠歴代最速の3日間(放送翌日からの)で100万回視聴を突破、さらに5日目でオシドラサタデー枠の歴代最高記録を更新する129万回視聴を記録。

「岩本くんが演じる無骨で超ストイックなボディガード・北沢辰之助役がとにかくハマり役で、白石麻衣さんが演じる負けず嫌い弁護士・岸村里夏とのマリアージュも完璧。24時間警護を請け負った北沢辰之助と警護対象の岸村里夏は相性の悪さで反目し合いながらも、それでも全力で里夏を守る辰之助のギャップにも萌える〝考察系アクションラブコメ〟でした」(同フジテレビ制作スタッフ)

また反響は見逃し配信だけにとどまらず、初回拡大スペシャルの放送がスタートした1月13日にはX(エックス)でも話題を席巻した。

当の岩本照は北沢辰之助役について——

『無骨でストイックなボディガードの設定で、いろんな方から——

「アクションがスゴい。圧巻、圧倒された」

「アクションシーンの見応えがハンパない」

「カッコよすぎて目が離せなかった」

——なんて嬉しい反応をもらえたし、辰之助の笑顔やスイーツ好きの一面も、

「笑顔にやられた」「ギャップが最高」「振り幅には感動さえさせられる」とかなり好評だった。

初主演でも変に力まずにできたのは、アクションに集中していたせいかもしれないね。

そういえば俺が最初にアクションというか乱闘シーンばかりだったけど、

『BAD BOYS J』(2013年4月クール/日本テレビ)には、

乃木坂46の子が10人ぐらい出ていたのに、白石さんは出てなかったんだよね。

何か奇妙な巡り合わせだね』〈岩本照〉

その元乃木坂46のエース・白石麻衣も、これまでの役柄にはないコメディエンヌぶりで評価が高い。

『確かに負けず嫌いな毒舌弁護士には、芝居とわかっていても何度か本気でムカついた（笑）。それだけ白石さんは白石さんでハマり役だったんだろうね。

〝俺をムカつかせるなんて大したもんだよ〟――って、懐かしの長州小力さんのネタみたいだけど』

そんな岩本演じる北沢辰之助と岸村里夏のカップリングは、見逃し配信のみならず、リアルタイムでの個人視聴率もオシドラサタデー枠歴代トップタイとなる2．4％（初回）を記録した。

『このドラマには俺と白石さん以外にも大先輩俳優の小野武彦さん、松下由樹さん、そして溝端淳平さんも出演されていて、先輩の藤原丈一郎くん、後輩の織山尚大もいる。丈くんは年は3個下だけど、昔の関西ジャニーズJr.に8才で入っているからね、事務所歴では立派に先輩。

そんな丈くんや尚大と現場でワチャワチャできたのも楽しかった』

そして何よりも『夢が叶った』のは、自分の主演ドラマで主題歌も担当させてもらえたことだった。

『そうそう！ 主題歌がSnow Manの『LOVE TRIGGER』だからね。
これは本当に、めめも『トリリオンゲーム』のときに、
「エンディングで『Dangerholic』が流れたときは感動した」――って話してたけど、
俺もまったく同じだった』

その『トリリオンゲーム』といえば、ドラマ初回で主人公・ハル（目黒蓮）の少年期役を演じていた齋藤潤が、今回の『恋する警護24時』では辰之助の少年期を演じていたことも目ざといファンの間では話題になった。

「もちろん制作サイドも密かな話題になることも期待したのでしょうが、その齋藤くんは2024年1月12日に公開された映画『カラオケ行こ！』でもキーマンとなる中学生を演じ、主役の綾野剛に引けを取らない存在感を見せつけてくれました。紛れもなく次々世代の注目俳優ですから、将来は岩本くんや目黒くんと渡り合うような役での共演が楽しみですね」（前出フジテレビ制作スタッフ）

初の連ドラ単独主演作で得た自信が、今後の〝役者・岩本照〟にとって大きな飛躍のきっかけとなるだろう。

〝いわこじ〟コンビに入った大きな亀裂!?

2024年に入り、Sexy Zone・中島健人とInstagramのコラボ配信を行った向井康二。

「その配信の一週間ほど前、中島健人くんがSexy Zoneからの脱退（3月末）を発表していたので、「その舞台裏や本音が明かされるのではないか?」……と、コラボ配信が始まるとアッという間に情報が拡散され、ギョーカイでも注目した人は多かったですね」（人気放送作家）

当時の2人は中島が主演を務めるカンテレ/フジテレビ系の1月クール連続ドラマ、火ドラ★イレブン『リビングの松永さん』で共演中。タイミングはともかく、コラボ配信を行ったのは不思議ではない。

配信を始めた向井康二からは、いかにもSexy Zone脱退秘話を引き出したくてたまらない様子も窺えた。

「結果的には健人くんのSexy Zone脱退秘話じゃなく、岩本くんを巻き込む一種の事故を起こしてしまったんですよね（苦笑）」（同人気放送作家）

岩本照を巻き込んだ中島健人の問題発言。
それはいきなり飛び出した――

『ひーくん（岩本照）ヤキモチ焼いてない？』

――だった。
Snow Man加入当初はマッチョで厳しい岩本照に〝ビビリ加減〟だった向井康二だったが、当時の東西ジャニーズJr.の違いはあれ、入所は同期にあたる。

『アイツはお兄ちゃんと一緒にタイのムエタイジムでスカウトされたからちょっと特殊なんだけど、
まあ同期だよね。
2学年下だし中学生と小学生でもあったから、
少しはビビらせないといけなかったけど（笑）』〈岩本照〉

今ではすっかり、兄弟のような〝いわこじ〟コンビだけどね。

「健人くんがイジワルそうに『(視聴者から)〝ぴーくんヤキモチ焼いてない?〟って(コメント)来てるけど大丈夫そう?』と発言すると、向井くんはやや戸惑いながらも『大丈夫でしょう。たまにはいいじゃん』――と強がったんです。するとそんな向井くんに、健人くんが『絶対見てるよ!』と笑いながらツッコんでいました。向井くんと岩本くんの関係性を知るからこそのツッコミでしたね」(同前)

中島は2008年4月に入所しているので、岩本照や向井康二から見ると1年半ほど後輩だ。

しかし岩本とはドラマ『BAD BOYS J』で共演しているし、Sexy Zoneとして2011年11月にデビューした〝先輩〟でもある。また岩本とは同じ東京ジュニア出身でもあり、ライブステージでの共演も多い。

するとそんな中島は自分と岩本との間柄を向井に誇示するかのように、すでにスタートしていた岩本の主演ドラマ『恋する警護24時』の〝まだ1話を見られていない〟としつつも――

『岩本氏、(俺に)1話の感想すぐ送ってくれたよ』

――と発言。

しかし向井には感想が来ていなかったようで、向井は――

『照兄ィ！（俺には）来てない。
俺がド忘れしてるだけなのか』

――などと無駄な（?）抵抗。

その様子に――

『メンバーだから直接会うタイミングもいっぱいあるでしょう』

――とフォローせざるを得ない中島健人だった。

『インスタライブ終わったらすぐに康二から電話が来て、
「何でケンティーにはLINEするん？」って涙声なんだよね。
最初、何のことか全然わかんなかったし、
打ち合わせ中に電話なんか来るから何事かと思ったら、
大したことなさそうで秒で切ったんだよ。
そうしたら朝まで何通もLINE来てさ、
かなりウザかった（笑）』

――と明かす岩本照は完全にもらい事故モード。

『それにあとでスタッフさんに聞いたら、
アイツ、俺のことファンのみんなと同じように〝ひーくん〟呼びしてたらしいじゃん？
普段は揉み手で〝照兄ィ～〟とかすり寄ってくるのに、
目の前に俺がいないと強気になってんだな（笑）』

かつて関西テレビ系のトークバラエティ『おかべろ』に岩本照と2人で出演した際、向井は岩本がファンから〝ひーくん〟と呼ばれていることについて――

『僕は〝照兄《てるにい》ィ〟と呼ばさせてもらってます。
僕だけですから、その呼び方は！
僕限定です』

――と、いかにも特別な関係であることをアピールしていたのだが……。
ちょっと扱いがぞんざいになって来たかも⁉
まあこれも〝いわこじ〟コンビの仲がいい証拠ということで。

岩本照 フレーズ

『これはSASUKEの緒先輩から学んだんだけど、
余裕があるときに限っておかしがちな失敗っていうのは、
だいたいが一瞬の選択ミスじゃなく、
一瞬の〝躊躇〟が原因で失敗に繋がるんだよね。
これは仕事でも何でも同じ』

自分の選択ミスが招いた失敗は原因がハッキリしているので後々の〝糧〟にもなるが、〝躊躇して体が動かなかった〟、それこそコンマ何秒間かの遅れが招いた失敗については、自分の精神的な弱さを突きつけられたかのようでダメージが大きい。「精神を鍛えるのは、肉体を鍛え上げるよりも難しい」と岩本照は振り返る。

『ちょっと言葉は悪いんだけど、
バカを相手にしなきゃいけないときは、
俺自身もバカを演じて鈍感なフリをする』

クリエイティブな世界でストイックに生きる岩本照だからこそ、ときには〝鈍感力〟が必要になることもある。そして鈍感なフリをすることで、気持ちが楽になることもある。

『だいたいさ、何でもかんでも〝忙しがる〟人って、単なる〝構ってちゃん〟だから、スルーしちゃうことを最近覚えた（笑）』

口ぐせのように「忙しい」を連発する人について、岩本照は『時間の使い方や要領が悪いだけ。俺なんかそんなの〝（できない自分が）恥ずかしい〟と思うけど、構ってちゃんはワザと口にする』――と断じる。そんな相手には構っている暇がない。スルーしておけばいい。

2nd Chapter

深澤辰哉

Tatsuya Fukazawa

Snow Manで〝一番漢気がない〟メンバー

2024年の1月12日にオンエアされた『それSnow Manにやらせて下さい』(TBS系)〝それスノ'23 想定外のミラクル&事件 未公開ランキング〟企画で、長いつき合いの佐久間大介から『一番漢気《おとこぎ》がない』メンバーに指名された深澤辰哉。

『正直、ネタだと頭ではわかっていても、
長いつき合いのさっくんから〝漢気がない〟で名前を出されたのは、
めちゃめちゃショックだった。
さっくんは俺の名前なら〝出しやすかっただけ〟と思いたい』〈深澤辰哉〉

収録から一週間は、佐久間の顔を見るたびに寂しさが込み上げたと明かす深澤。

『自称、俺はメンバーの誰よりも傷つきやすくて繊細なんだから。

……というかあの場面、さっくんの〝空気の読めなさ感〟ハンパなかった（苦笑）』

――そう振り返った深澤辰哉。

番組では目黒蓮が〝一番漢気がある〟メンバーとして『大人にも堂々と意見を言えるカッコよさがある』とラウールの名前を挙げたことをきっかけに、逆にメンバーの中で「一番漢気がないのは誰？」で盛り上がった。

その目黒は「漢気がない」メンバーに向井康二の名前を挙げ、さらに『みんなにも聞くわ。康二（漢気）ないよね？』と、盛り上がりは大オチ（みんなが向井康二の名前を挙げる）に向かって真っしぐら。お決まりのパターンとしては、全員が次々と向井の名前を挙げていく流れだった。

ところが最後に順番が回ってきた佐久間だけが、向井ではなく『深澤』と回答してしまったのだ。

向井からの『そこは俺やろ！　オチひんやん‼』のツッコミもむなしく、トークにオチがつかなかっただけに留まらず、深澤辰哉がとことん傷つく結末になってしまったのだ。

『みんな〝天丼〟だってわかっていて康二の名前を挙げていったんだよね？

で、さっくんだけは天丼に気づかなかった……って、

（佐久間の）マジレスだったらますます傷つくわ！』


〝天丼〟とは同じリアクションを何回も繰り返す、いわゆる関西お笑い発祥のセオリー（パターン）。


『何が落ち込んだかって、康二が「そこは俺（の名前）やろ！」ってツッコんだとき、
さっくんも〝（ああ、なるほど。そういう流れだったのね）〟みたいな顔で納得していたところ。

あれって内心、さっくんは――

「（そうか、そのパターンが正解か）」と気づいたってことでしょ、ようやく。

なら俺の名前は本心じゃん。

……てかさ、康二にツッコまれたあと、

「いやいや、その（天丼）パターンじゃ盛り上がらないと思ったから」とか、
フォロー的なコメントが出てもよかったんじゃない？

それならそれで、俺も〝（佐久間発言は）ネタだったのか〟と安心できたのに』

ところで当の佐久間大介は、本心で深澤辰哉に〝漢気がない〟と感じているのだろうか?

番組スタッフが佐久間に「ふっかが(あの発言で)落ち込んでるよ」と伝えたところ返ってきた答えは——

『だって仕方ないじゃん、本当に漢気ないんだから。

逆にふっかのどこに漢気があるのか、本人のセールストークを聞いてみたい(笑)。

……というかさ、〝漢気がない〟って、落ち込むほどの悪口?

俺は俺自身、自分に漢気があるとは思ってないし、

「佐久間は漢気がない」とまわりから言われても〝(そりゃそうだな)〟としか思わない。

そうか、ふっかは自分に漢気があると思ってたんだ』

——とのリアクション。

これはもうガチの回答だったと思わざるを得ない。

『それ聞いたらますます落ち込んだ（苦笑）。
ズバッと斬り込むさっくんらしい発言だけど、
確かに俺は無意識に自分に漢気があると思っていたのかもしれないね。
俺の世代で〝漢気〟と聞くと、
とんねるずさんの〝漢気じゃんけん（『とんねるずのみなさんのおかげでした』内企画）〟が
真っ先に思い浮かぶし、
昔のジュニア時代はジュースを賭けて漢気じゃんけんやっていた（勝者が奢って漢気を見せる）から、
〝漢気＝やせ我慢しても男らしさを貫く〟イメージが強いんよ。
ジュニア時代の漢気じゃんけんはＳｎｏｗ Ｍａｎでもやってて、
だからこそさっくんに「漢気がない」と言われたのがショックで寂しかった』

本音を語った深澤辰哉。

漢気なんてこれからいくらでも身につけられるのだから、そんなに落ち込む必要はないと思うけど。

でもそこまで落ち込むなら、佐久間大介も認めるほどの〝漢気深澤辰哉〟目指して、これから頑張ってみようか。

最大のモチベーションは暴走〝爆買い〟!?

最近、Snow Manメンバーの間では、深澤辰哉の暴走〝爆買い〟が深刻化しているとの評判だ。

「以前から金遣いの荒さはちょくちょく注意されていたようですが、本格的に〝ヤバい〟と思われたきっかけは2023年9月にオンエアされたSP番組『有吉の夏休み2023 密着77時間in Hawaii』(フジテレビ系)で、番組内で煽られた深澤くんが600万円を超える〝ROLEXサブマリーナ デイト オイスター イエローゴールド〟を購入したところから始まります。実際、深澤くんはROLEXの腕時計を10本所有していて、〝時価(※相場)にすると合計3,000万円近くになるのでは?〟ともいわれています」(ベテラン放送作家)

10本のROLEXの中には深澤自身が『もったいなくて外につけて出られない』と明かすほど貴重なモデルもあるそうで、〝3,000万円〟の数字は相場を考えると「もっと高いのでは?」とも見込まれているらしい。

『昔からとんねるずさんの番組が大好きでよく見てたんだけど、バナナマンの日村さんや平成ノブシコブシの吉村さんがとんねるずさんに煽られて、時計や外車を買うシーンを見てて、

「いつか俺も番組で何百万もする腕時計や高級車を買えるようなタレントになりたい、なってみせる！」――って誓ってたのよ。

正直、今の俺がそれに相応しいかどうかはさておき、無理してローン組んで買う姿とか、伝説にはなれそうじゃん？

俺は伝説になりたいんだよね』〈深澤辰哉〉

もっと他に伝説になる方法はないの？

……というか、実は深澤、破滅型寄りの性格だったのね。

「深澤くんにはもともと〝収集癖〟があったようで、これまでにもトレカやスニーカー、キャラクターグッズなど、最初は可愛いレベルから段階を経て今に至っているようです。アニメヲタクの佐久間大介くんをして、『ふっかみたいなタイプがアニメやフィギュアに本気でハマるとヤバい。絶対に破産するまで買いまくるし、平気でキャッシングに走る』――と心配していました」（同前）

実際その佐久間のみならず、メンバー全員から――

『その破滅型の爆買い、治したほうがいいよ』

――と何度も小言を言われているようだ。

『照やしょっぴー、さっくんに注意されても、
「自分たちだって趣味に金使いまくりじゃん!」って反論できるんだけど、
舘様に言われると何か調子が狂うんだよね(笑)。
エレガントに「無駄遣い。ダメ、絶対」――なんて言われると、
何もしてないのに罪の意識に苛まれる。
阿部ちゃん? あの人は〝見て見ぬフリ〟をしてくれてるね』

そんな深澤は特に昨年の後半あたりから、テレビ関係者の評判もよろしくない（↑〝爆買いについて〟ね）。

「スタイリストさんに毎回3パターンぐらいの衣裳を用意してもらって、試着して姿見（鏡）でチェックすると『今回の衣裳は全買い（※全部買い取り）で』『これとこれ、もらって（※買って）帰るね』――などと、毎回のように衣裳を買って帰るのです。単なる〝洋服好き〟ならともかく、深澤くんは『プロ（のスタイリスト）が俺に似合うと思って用意してくれたんだから、喜んで買い取らせてもらう。そもそもそんな、服買いに出る時間もないし』――なんて言ってますよ（苦笑）」（同前）

衣裳を買い上げるかどうかは本人の自由だけど、確かに〝真の洋服好き〟ならば、自分の足で何店舗も探し歩くものだろう。

「佐久間くんなどは深澤くんに『羽振りがいい自分に酔ってる』と手厳しいツッコミを入れてますが、深澤くんはメンバーの忠告には耳を貸さないそうです。以前も目黒蓮くんに『本当に欲しいものだけを買いなさいよ』と爆買い癖を注意されると、深澤くんは『（街で）店員さんに勧められたら、俺は何でも買いますよ。自分、Ｓｎｏｗ Ｍａｎなんで』――と、〝昭和のスター〟みたいなセリフを返していました（苦笑）」（同前）

『あえて今さら言うべきことじゃないけど、
俺はJr.時代が長くて、たくさんの先輩スターの姿を見つめてきたワケ。
そんな先輩たちが財布の中身を気にせずに買い物をする姿はいつもカッコよかった。
今、俺は紛れもなくSnow Manのメンバーで、Snow Manは俺の誇り。
爆買いは俺の自己肯定感を高めてくれるし、承認欲求も満たしてくれる。
つまりはSnow Manで頑張り続けるための最大のモチベーションだね』

そう語った深澤辰哉。

爆買いが〝Snow Manで頑張り続けるための最大のモチベーション〟なら仕方ないか。

これからも爆買いを続けてもっともっとモチベーションを上げて……って、やっぱりマズいでしょ。

メンバーも心配してるぐらいだから、いくらモチベーション上げるためでも〝ほどほど〟にしたほうがいいんじゃない？

“片思い役”で広がる深澤辰哉の可能性

2024年1月クール、深澤辰哉が出演しているドラマがカンテレ／フジテレビ系月10ドラマ『春になったら』だ。

『俺の役は奈緒さんが演じる主人公（W主演）椎谷瞳の大学生時代の友人・岸圭吾で、
しかも圭吾は大学生のときからずっと瞳に片思い。
そんな瞳と圭吾、そして見上愛さんが演じる大里美奈子の3人は大学生時代からの腐れ縁。
人生で片思い的な経験をしたことがない俺としては寂しい役柄だけど、
美奈子はずっと圭吾に片思いしていて一方通行の矢印が繋がってるから、
まあ良しとするかな』〈深澤辰哉〉

何が〝良しとする〟のかはわからないけど（笑）、1月クールのドラマとして2024年1月15日からスタートしたこの作品は、インパクトの強い番宣CMでスタート前から話題になった。

『W主演のノリさん（とんねるず・木梨憲武）と奈緒さんが、お互いに3ヶ月後に〝結婚する〟〝死ぬ〟と同時にカミングアウトするシーンね。あれはマジ、視聴者の興味を引きつけるテクニック。勉強になったよ』

奈緒と木梨憲武のW主演『春になったら』は、深澤の言葉通り3ヶ月後に結婚する娘・椎名瞳と3ヶ月後にこの世を去る父・椎名雅彦が、〝結婚までにやりたいことリスト〟と〝死ぬまでにやりたいことリスト〟を実現していくハートフル・ホームドラマ。毎回ラストシーンで雅彦（木梨）が発するセリフに「涙が止まらない」と大評判だ。

『あそこはオンエアを見ていて、いつも〝（さすが俺のノリさん！）〟って感動しながら泣いてた。まあ、（瞳の婚約者役）濱田岳さんに瞳を取られたのは圭吾としてはちょっと納得いかないけど、濱田さんはちょうど俺がJr.に入った直後、先輩の薮宏太くんや八乙女光くんと、『金八先生』で共演されてたから、いまだにそのイメージが強くてさ。もう20年前なのにね』

瞳と美奈子、そして深澤辰哉が演じた岸圭吾の3人は大学時代から関係が続くかけがえのない仲間。大里美奈子を演じた見上愛は『美奈子は常に瞳の味方でいてあげようという友だち思いなところもありながら、友だちである岸くんのことが好き。かなり複雑な片想いで、同じ経験がある人にもない人にも、〝人を好きになるって幸せでもあるけど切ないよな〜〟と思ってもらえるキャラクターかなと思います』と分析。

また『〝本当に大学時代から友だちだったんじゃない？〟と思うくらい一緒にいて居心地がよかった。お2人ともとにかく優しくて、まったくお芝居をしていないようなナチュラルな雰囲気に乗っかっちゃってました。お2人の肩を貸してもらうことで、自然に関係性を演じられたかなと思います』との裏話も後に明かしてくれている。

『見上さんが本気でそう思ってくれていたら、俺も圭吾を演じた甲斐があったよね。

ただファンのみんなも知っての通り、俺は高校時代からモテてモテて仕方なかったし、
そもそも片思いの経験がない。

だから俺のほうこそまわりの方々に引っ張ってもらいながらお芝居ができたので、
感謝するのは俺のほうだよ。

それにしても頼りにならなかったのはメンバー。

出演が決まって、みんなめちゃめちゃ喜んでくれたし楽しみにもしてくれていたんだけど、
俺がモテすぎて片思いの経験がないのを知ってるくせに、

「モテすぎなんて恥ずかしい嘘エピソード、木梨憲武さんや奈緒さんの前でするなよ」

「Ｓｎｏｗ Ｍａｎが単なる妄想軍団だと思われる」

……って、散々なツッコミを入れてくるんだから』

そう言ってボヤく深澤辰哉だけど、メンバーが心配するように〝妄想〟には気をつけよう（笑）。
高校時代のモテモテぶり（?）はさておき、今回のドラマをきっかけに〝役者・深澤辰哉〟の幅が
広がったことは間違いない。

深澤辰哉 フレーズ

『自分に甘い生き方には賛成できないけど、自分に優しい生き方は十分にアリじゃない？』

自分に『甘い』と『優しい』の違いはどこにあるのか？ 深澤辰哉は『努力する前に逃げ出すのが〝甘い〟で、努力した先で少しの休息を自分自身に与えるのが〝優しい〟』――と話す。頑張った自分に対しての〝ご褒美〟と同じかな。努力した先で少し休息するのも自分のために必要なことだろう。

『俺は人間が大好きだから、寂しいときなんか特に誰かに会いたくなる。
でもそんなとき、会う意味があまりない人に連絡して会うと、
たいていが無駄な時間で、あとから後悔する（苦笑）』

自分が寂しいから連絡したのに、それをあとから『無駄な時間』と後悔することはありがちだ。つまり深澤辰哉が言いたいのは『人恋しくなっても孤独に耐えられる強い心を宿せ』ということだ。

『ある人生の先輩と話していたら、その方から――
「深澤くんはよく〝なるほど〟って相槌を打つけど、
それはやめたほうがいいよ。
〝なるほど〟って、相手の話を聞いてない人が使いがちだから」
――ってアドバイスされたんですよ。
自分はそんなつもりなかったけど、
そう見えちゃうなら気をつけないといけないなって』

「口ぐせ」とひと括りにしがちだが、どんな口ぐせかで相手に与える印象は大きく違う。たとえば何かにつけて「だけど」「というか」などといちいち否定的に入る人は嫌われる。くれぐれも自分でも気づかない〝口ぐせ〟には気をつけよう。

3rd Chapter

ラウール

Raul

—TEAM SnowMan—

ラウールと目黒蓮が積み上げていく〝それぞれの道〟

フランスの首都パリを『ファッションウィーク2023秋冬コレクション』で訪れて以来——


『パリは俺の中での世界〝帰ってきたい街〟リスト、上位にランクインしたよ。

「モデルとしてファッションウィークに参加してこそ」——みたいな気持ちは常にある。

それはパリだけに限らず、だね。

でもそれとは別に街歩きとか最高に楽しい。

現地ではサン・ジェルマン・デ・プレのカフェでテラス席に座って、パリジャンやパリジェンヌのファッションを眺めながら過ごしてる。

何でか女子みんな、フランスパン持ち歩いてるよね（笑）』

——なんて、パリの魅力を語るラウール。

ルーブル美術館、オルセー美術館などもお気に入りのスポットらしい。

『すっごい単純なんだけど、
ルーブル（美術館）でモナリザやミロのビーナスを見たとき、
普通にミーハーになって感動した。
一昨年（2022年）ぐらいだっけ？
ほら、上野動物園でパンダの赤ちゃんが公開されたじゃない、
あのとき、めっちゃ話題ですげえ人が並んでいるのをニュースで見て、
「何でみんな群がってんの？ 映像でいいじゃん。パンダの赤ちゃんには結構なストレスでしょ」
――とか斜に構えてたけど、
モナリザやミロのビーナスを見たら、観光客が群がる心理がよくわかった。
やっぱり自分の目で見る〝本物〟は別格なんだよね』

そんなラウールは街歩きをしながら、常にアンテナを張り巡らせてもいる。

『東京もニューヨークもパリも、基本はみんなおシャレだよ。東京は全然負けていないどころか、平均するとおシャレ度は上かもしれない。でもやっぱりパリジャンとかパリジェンヌは、色使いのセンスが抜群に高い。たとえば東京の街中には全身黒で統一する人がパリやニューヨークに比べると多いんだけど、黒の中にも濃淡や光沢の違いで何種類かあって、その組み合わせのセンスがパリの人は抜群。カフェでボーッとしてるだけでも勉強になるのはパリだけかな』

自他ともに認める〝パリ派〟のラウールだが、2024年、新年早々のファッションウィーク、今年はパリでなくミラノコレクションに初めて参加した。

「ラウールくんが参加したのは、ジョルジオ・アルマーニの『2024 秋冬 メンズコレクション』でした。ショーはジョルジオ・アルマーニのミラノ本社、パラッツォ・オルシーニのシアターで開催されましたが、ラウールくんはアルマーニの最新春夏コレクションからラムレザーのジャケット、ネイビーのベストとパンツをコーディネートした姿で、会場の最前列に招待客として陣取ってましたね」（男性ファッション誌編集長）

このショーには、アメリカの人気TVドラマシリーズ『ALL American』の俳優マイケル・エバンス・ベーリングや、Netflix『All the Light We Cannot See』に出演しているイギリスの俳優兼ラッパーのエド・スクラインなど、世界のセレブリティが集っていた。

ラウールはそんなセレブに混じり、堂々と最前列に案内されたのだ。


『ファッションウィークは去年のパリに続いて2回目で、かなり落ち着いて参加できたと思う。経験って大事だし、今回は純粋にショーを楽しむことができた。

お気に入りというか印象的で自分でも着てみたいのは、ショーの中盤に出てきたアルマーニらしいベロア素材のルックや、フィナーレに登場した装飾つきのルック。

めめと並んで見られていたら、ショーの最中もあれこれ批評し合えて楽しかったと思う』

その目黒とは、ミラノからパリに向かって合流したそうだ。

『俺のお気に入りのセーヌ川沿いの散歩コースや橋があって、
いっつも語り合いながら歩いてる。
日本ではなかなか2人でゆっくりと散歩できないからね。
俺とめめはSnow Manで同じ活動はしていくけど、
個人活動においては「それぞれの道をしっかり積み上げていこう」って約束した。
特に今年はSTARTO ENTERTAINMENTでリスタートの年にもなるから、
自分たちの信念や目標だけは曲げずにいきたい』

今年に懸ける決意を語ったラウール。

目黒蓮と交わした約束。

今後さらに活躍の場が広がるであろう個人活動で、ラウールと目黒蓮、それぞれの道をしっかり積み上げていって欲しい。

CM中止で渡辺翔太との間に生まれた〝新たな絆〟

現在、旧ジャニーズ事務所は関連会社を除き、そもそもの本体業務を社名変更した保障会社のSmile-Up.、エージェント・マネージメント会社のSTARTO ENTERTAINMENTに二分しているが、2023年9月7日の記者会見以降、所属タレントが最も影響を受けたのは、出演していた企業CMのほとんどが放送中止に追い込まれたことだろう。

本書でも不二家の企業CM再開のエピソードをお話ししているが、ラウールと渡辺翔太の2人が——

『今だから言えるけど本音で言うと、かなりのダメージを喰らった』

——と明かすのが、2人が一緒（2人1組）に出演していた某ファストフードチェーンのCMだった。

『〝モス〟ね。
俺としょっぴー2人だけの仕事って初めてだったし、
しかも2人とも中学、高校のときからマジの〝モス派〟だったからさ。
話をいただいたときは本当に嬉しくて、
確か夜中に2時間ぐらい電話で話しながら喜びを分かち合ってた思い出』〈ラウール〉

そう、〝MOS BURGER（株式会社モスフードサービス）〟CMなのは皆さんご存じの通り。

『確かモスさんの場合、
いったんは「CMやキャンペーンは変更ナシでやりましょう」——みたいな話だったんだよね。
それが結局は差し替えになったから、俺もしょっぴーも上がったり下がったりがショックでさ。
もちろんモスさんには何の非もないよ』

ラウールと渡辺翔太にも非はないけどね。

『中止が決まって、俺は正直ショックではあったけど、
どうしようもできないから割と早めに諦められた。
でもしょっぴーはかなり尾を引いてて、それでまた夜中に電話したんですよ。
そうしたら今度は決まったときの倍、４時間も電話を切ってくれなかった（苦笑）』

渡辺翔太はそのとき――

『ラウールと一緒の仕事だったから本当に嬉しかった。
だからこそショックを受けてるんだよ』

――と話していたそうだ。

『不謹慎かもしれないけど、それは個人的には純粋に嬉しかった。
しょっぴーは先輩じゃん。
その時点で俺がSnow Manに入って丸4年半は経ってたけど、
心の中でしょっぴーとの間に感じていた壁が壊れる音も聞こえたし、
新たな絆が生まれる音も聞こえた』

CM中止ドミノは確かに全タレントにネガティブな影響を与えたが、このラウールと渡辺翔太の関係のように、捉え方によってはポジティブな影響を与えてくれることもあったのだ。

「2人のCMは2023年9月23日までオンエアされ、翌日以降は女性のナレーションがベースになったシンプルなCMに差し替えられました。2人はCMキャラクターに抜擢される前から（仕事現場で）モスの美味しさを力説したり、差し入れをしたりしていたそうで、Snow Manの現場に関わるテレビマンたちも、2人でCMをやると聞いたときは拍手を送っていたと聞いています」
（フジテレビ営業局スタッフ）

果たして2人に再び声がかかる日は来るのか？
ラウールと渡辺翔太の2人がモスのCMに戻ってくる日が来ることを心から願おう——。

ラウールが挑んだ〝ダンスコラボ〟に懸ける熱い想い

2023年9月の旧ジャニーズ事務所記者会見をきっかけに所属アーティストの姿を見かけなくなったのは、何もテレビCMに限った話ではない。ファンの中には「逆に担当（が所属するグループ）の生配信を存分に楽しめた大晦日になった」との声もあったが、やはり12月31日、大晦日のNHK紅白歌合戦から旧ジャニーズの姿が消えたことは衝撃的だった。

「大阪・よみうりテレビが主催した『ベストヒット歌謡祭』には関ジャニ∞、なにわ男子と地元出身のグループが出てはいましたが、例年であれば旧ジャニーズから5～6組が出て盛り上げてくれたところ。その後も『ベストアーティスト2023』（日本テレビ系）、『2023 FNS歌謡祭』（フジテレビ系）も同じような傾向でしたし、かつてはたのきんトリオ、光GENJIなどが『ヤンヤン歌うスタジオ』に貢献し、Ya-Ya-yahが冠（歌謡）番組を担当していたテレビ東京に至っては、『テレ東音楽祭（※2023年は開局60周年にちなんだ『テレ東60祭』のタイトル）』の過去VTRからも旧ジャニーズ事務所のタレントを消していました」（ベテラン放送作家）

そうして各種音楽番組、特別番組から旧ジャニーズアーティストが姿を減らし、何が起こったか?

旧ジャニーズアーティストが出られない分の〝余った時間〟をダンス系アーティストたちの『グループの垣根を超えたダンスコラボ企画』が埋め、それがまたバズることに繫がっていったのだ。

「もともと最初にダンス系のコラボ企画を始めたのは、2023年7月、まだ旧ジャニーズ事務所が記者会見を開く2ヶ月も前にオンエアされた『音楽の日2023』(TBS系)でした。とはいえそれはまだ〝お祭り気分〟的な企画で、s**t kingz、DA PUMP、三代目J SOUL BROTHERS、GENERATIONS、JO1、INI、BE:FIRST、Travis Japan、&TEAM、郷ひろみ、PSYCHIC FEVER、DXTEEN、MAZZELなど総勢90名にも及ぶ出演者たちが同じステージに集い、それぞれのグループの楽曲を歌い、踊っただけ。イメージは旧ジャニーズのカウコン名物のヒットメドレーです。さらにそのステージで披露された、各グループ選抜メンバーたちによる〝シャッフルユニット〟の評判がよかったことで、一つのアイデアとして〝(コラボ企画、イケるんじゃない?)〟と、音楽番組関係者の間で認識されていったのです」

(同ベテラン放送作家)

そして『ベストヒット歌謡祭2023』では、なにわ男子、INI、BE:FIRSTが〝同期3組〟の括りでダンスパフォーマンスのコラボ企画を披露。MCコーナーでもMCの宮根誠司、ウエンツ瑛士の問いかけに『このメンバーとこのメンバーは仲がよくて』と答え、意外な交流も明かしてくれた。

ほんの数年前……というかそれこそ2022年までは、旧ジャニーズ事務所のアーティストが他事務所のグループとコラボをしたり、MCで交流を明かしたりすることもなかった。これも旧ジャニーズ事務所の記者会見が生み出した新たな化学反応と言っても過言ではないだろう。

そんなコラボ企画における〝完成形〟の一つが、『2023 FNS歌謡祭 第1夜』(フジテレビ系)でラウールが参加したダンスコラボ企画だった。世界的なコレオグラファー・仲宗根梨乃が監修したダンスコラボ企画で、ラウールはBE:FIRST・SOTA、JO1・川尻蓮、GENERATIONS from EXILE TRIBE・中務裕太、&TEAM・K、EXILE/三代目 J SOUL BROTHERS・EXILE NAOTO、DA PUMP・KENZOらとともに、東京ゲゲゲイ『G1-20』『醜いシンデレラ』FNSリミックスバージョンをパフォーマンス。いずれも各グループを代表する〝ダンス自慢〟が揃い、ラウール自身も『めちゃめちゃ刺激を受けた』と明かす。

『&TEAMのKくん以外とはあまりリハーサルもできなくて、
オンエアの前日、初めて全員で合わせたんですよ。
でもみんなプロ意識が高いし、想いも強い。
初対面の人も何人かいて、
それなのになぜか結構〝チーム感〟があるような感覚がしてすごい新鮮だった。
俺自身は〝絶対に負けない！〟気持ちも強かったけど、
何よりもSnow Manのメンバーやファンの皆さんが俺に期待してくれている気持ち、
想いも背負ってダンスコラボに挑んでいましたね。
俺を信じてくれてるみんなに恥はかかせられない。
たぶん俺以外の他のメンバーもそうだったんじゃないかな？
だからこそみんな、初対面でもレベルの高いコラボにするための意識が、
同じ方向に向いていたんだと思う』

また放送終了後、その&TEAM・Kは、グループの公式Xにラウールとkのツーショット写真を投稿。

『いろんなグループのメンバーが参加していたからこそ、
業界全体的な盛り上がりの一個みたいになったのがすごい面白かった。
阿部ちゃんも——
「大注目していたし、Kくんとのツーショットを見て、
〝ともに戦った仲なんだな～〟って確かにすごい伝わってきた。
いい写真でよかった」
——って褒めてくれた。
えっ!? 阿部ちゃんに褒められたの、勘違いじゃないよね?』

——勘違いではありません(笑)。

ファンの皆さんからの反響も、

「『FNS』のダンス企画、本当にいい企画だった」

「これを機にいろんな方々との交流が広がって、次のコラボ企画に繋がって欲しい」

——など、期待の声一色に染まっていた。

今後ますます盛んになるであろう〝ラウールのダンスコラボ〟に期待しよう。

ラウール フレーズ

『最近、学生芸人さんってブームなんでしょ?
学校の友だちから何度か「見に行かない」って誘われたけど、
チケット取れなかったらしい。
ウチの学校のお笑いサークルは名門らしくて、
でも出身者が、ひょっこりはんさんとかハナコの岡部大さんって聞いて、
キャラ芸人一本なのかなって。
そういえば小島よしおさんも早稲田大学だよね?』

慶應義塾大学お笑いサークル出身の令和ロマンが2023年のM-1チャンピオンになったことで、さらに脚光を浴びる〝元大学お笑い芸人〟や現役の〝学生芸人〟たち。ラウールは意外にお笑いが好きで、『今はデカくて目立つから劇場には行けないけど、配信では新しいお笑いをよくチェックしてる』――そうだ。

『何か自分自身で「ちょっと疲れてるかな～」ってときは、
みんなの心の中にある〝成功のハードル〟を、
3センチぐらい下げてみるといいんじゃない？』

ラウールは『疲れる前に「頑張る」の定義を少し甘くすることも大切』――と語る。現在、単独仕事をややセーブしながら大学生生活を送っているが、もし「両立させるように頑張ろう」とこだわっていたら、3年生になる前に辞めていたかも？ ラウールの言うように「成功のハードルを少し下げてみる」のは大事なことかもしれない。

『「自分の気持ちにウソをついてまで、
無理して新しいチャレンジをする必要はない」
——そう考えられると心が軽くなるよ』

自分が望んで新しいチャレンジをするから意味がある。自分の気持ちにウソをついてまで新しいチャレンジをしても無理するだけ。常に新たなチャレンジに挑む姿や姿勢は素晴らしいが、無理してまでチャレンジする必要などない。〃今の自分〃を大切にすることも大事なのだから。

4th Chapter

渡辺翔太

Shota Watanabe

—TEAM SnowMan—

渡辺翔太が意識する〝ADULTなイケメン〟

旧ジャニーズファンの方にはお馴染み、雑誌ViViが選定する〝国宝級イケメン〟ランキング。
2023年下半期ランキングで「30代以上」のADULT部門で見事に1位を獲得した渡辺翔太。

『上半期が4位で、そのときも〝俺なんかがランクインして申し訳ありません〟の気持ちだったのに、
それが1位じゃ〝どんなお詫びをしていいかわからない〟気持ちになっちゃうよね。
しかも事務所の先輩方でいうと、4位に山田涼介くんで、7位に玉森裕太くん、
他にも俺自身から見て〝絶対敵わない〟って逃げ出したくなる先輩方が、
ランク外にもゴロゴロいらっしゃるのに、
「先輩たち、すいませ〜ん！
俺がSTARTO ENTERTAINMENTの1位になりました〜‼」
……なんて、口が裂けても言えないよ（笑）』〈渡辺翔太〉

しっかりと言ってるけどね（笑）。
そして改めてADULT部門のトップ10を見てみると――

1位 渡辺翔太
2位 SKY-HI
3位 松下洸平
4位 山田涼介
5位 岩田剛典
6位 坂口健太郎
7位 玉森裕太
8位 中村倫也
9位 間宮祥太郎
10位 向井理

――と、錚々たる名前が並ぶ。

『やめて！
先輩方だけじゃなく、ランクインした皆さんの名前を並べると、
完全に俺、公開処刑クラスの辱しめじゃん（笑）。
でもViViさんのランキングは単なるパソコン投票だけじゃなく、
特にADULT部門は「生き様」とか、
「お仕事の充実度」とかのファクターが審査基準に入ってるから、
いい意味で「組織票じゃん」……みたいな陰口を叩かれないからホッとする（苦笑）』

旧ジャニーズ事務所時代から、ランキングといえばMyojo誌の〝Jr.大賞〟、日本ジーンズ協議会の〝ベストジーニスト（※主に一般選出部門）〟、そしてViVi誌の〝国民的イケメンランキング〟が注目を集めてきたが、確かに渡辺翔太が言うように、前記2タイトルは読者投票と一般投票で選定され、いわゆる組織票が通用するランキング。対してViVi誌のみ、そこに選考委員の意見が反映されている。つまりは単なるファン投票のみには留まらないわけだ。

渡辺翔太が2023年上半期の4位から下半期1位に大きくジャンプアップしたのも、投票数が増加しただけではなく、日々の芸能活動が選考委員たちに評価されたからに他ならない。

実際、ViVi誌も『このランキングにおける「イケメン」とは、容姿のみならず人気や実力を兼ね備えていて、内側から滲み出るカッコよさがある〝イケてるメンズ〟のこと。私たちを癒やし、潤いをもたらし、救ってくれたイケてるメンズたち。特にキャリアを積み重ねた者のみがまとう艶やかな色気、アダルトな魅力をムンムン放つのが、30overのイケてるメンズたちが集うADULT部門なのです』の文句を売りにしているのだから。

『それは本当にありがたいし嬉しいし、
しかも俺のキャッチコピーが、
「ストイックが生んだ国産美肌A5ランク」と付けられていて、
ピカピカに光り輝く国産黒毛和牛なのがクスッと笑えた。
ファンのみんなの中には〝そうなの?〟と感じる人もいるかもしれないけど、
俺はこういうわかりやすくて笑える、センスがあるイジられ方もありがたい』

渡辺翔太はＡＤＵＬＴ部門のランキングに自分の名前が入るようになって以来、プライベートでも〝ＡＤＵＬＴなイケメン〟を意識しているそうだ。

『俺は年上の友だちが多いから、いつも食事に行くとご飯代を出してもらえている。
でも去年の11月（5日）で31（才）にもなってるし、ご馳走になってばかりは嫌だから、
同じ方と2連続で約束したときは「今回は俺が払います」と言うようにしてるんです。
奢られるのが当たり前になるのはカッコ悪いから。
でも絶対に「いいから」と言われちゃうので、
店員さんにコッソリと俺のクレジットカードを渡しておいて、
「他の人がカードを出してもこれで払ってください」と頼んでみたんです。
結局はサインをするときにバレちゃったし、
そのお返しなのか、2軒目はすっごい高いお酒をご馳走になった。
結果的には〝余計な負担をおかけしたかも？〟と反省しましたけど、
少しはアダルティなカッコよさに近づけたかな（笑）』

さらにこんな話も――

『俺の年上の友だちはみんな精神的な余裕があって、
頑固系のこだわりやプライドを捨てられる人ばかり。
俺もそんなADULTを目指してるし、究極の理想。
怒りたいシーンでもニコニコと受け流している友だちを見ると、
「イケてるな～」っていつも思う。
誰でも年を取れば見た目だけは大人になれるけど、内面は努力しなければ成長しない。
俺のまわりにはお手本とするべき方々がたくさんいるからね。
〝人〟には恵まれていると思う。
Snow Manのメンバー含め』

それは何よりも、渡辺翔太自身が魅力的だから集まってくるんだよ。
最高の類友が！

不二家のケーキが一番好きなメンバーは?

『俺たちメンバーはCM中止については何も言えないから、かなりもどかしかったのは事実だよ。

でも不二家さんのおかげでまた表舞台に復帰できたし、
不二家さんのCM撮影のときはホントみんな笑顔でイキイキとしていた。

俺はそんなメンバーの顔を見られたことが一番幸せだった。

だから不二家さんには一生ついていきたい(笑)』〈渡辺翔太〉

2023年9月の旧ジャニーズ事務所記者会見(故ジャニー喜多川氏性加害問題)以降、当時のジャニーズ事務所に所属するタレントたちを襲った、出演CM放送中止ドミノ。

ここではあえてその詳細や背景については触れないが、出演していたタレント、そしてそのタレントを応援してくださっていたファン、視聴者にとっては、何ともやりきれない思いに苛まれたのは事実だろう。

「いきなり一斉にジャニーズタレントたちがテレビから姿を消したのですから、タレントやファンが戸惑うのも仕方ありません。中にはごく数本ですが継続されたCMもありますが、それにしても対象のタレントが旧ジャニーズ事務所からの退所を表明したり、実際に退所したからこその処置。残留したタレントたちの中には、仮にグループに所属していたとしたら〝グループとメンバーに迷惑をかけたくない〟……そんな想いで口にできなかったタレントもいたかもしれません」（日本テレビプロデューサー）

冒頭の渡辺翔太の言葉からもご承知の通り、2024年1月22日からは、デビュー年の2020年9月から務めてきた『不二家Smile Switch』ブランドキャラクターのCMが復活した。

『ちょうど不二家さんも2023年9月から不二家洋菓子店のリニューアルが始まって、
今回最初にオンエアされたのが、
そのリニューアル店舗をイメージした「不二家洋菓子店 新しいおいしさ編」。
新しくなった不二家さんの店舗セットの中で俺たちがケーキを選び、
食べて楽しむ様子が作品に落とし込まれている。
導入は俺と康二、ラウールが新しい不二家さんへ足を踏み入れると、
ズラリと並んだケーキの数々に目を輝かせるさっくんと舘様がいて、
照はプレミアムショートケーキを食べて『おいしくなってる!』と驚いてて、
阿部ちゃんやふっかのショットに繋がっていく。
もちろん俺個人でCMに起用していただけるのは大変光栄だし嬉しいけど、
やっぱり9人でワチャワチャする演出はたまらないね』

――CM撮影を振り返って、そう話す渡辺翔太。

アンカーはケーキを頬張って『ん~、ウマい!』と目を丸くする目黒蓮が締めて、いかにもメンバーたちが楽しそうに過ごしている様子が描かれていた。

また新CMの放送開始に合わせ、1月22日からは不二家洋菓子店公式YouTubeチャンネルでWeb Movieも公開された。こちらはメンバーがルーレットを回し、出た目のお題の人物になりきって、不二家洋菓子店から新たに販売される様々なケーキのおいしさを表現する『Snow Manの15秒でなりきり食レポ選手権』にチャレンジしている。

『正直あのWeb Movieは撮影前日から夜6時間しか寝られないぐらい考え込みまくったから、お肌に悪い悪い（苦笑）。
それとSnow Manのポリシーとして、
〝撮影中の消えモノ（※食品や生花など、当日しか使えないモノのこと）はできる限り残さない〟
――があるんだけど、それとは明らかに別口で、
みんな普段はケーキとか頻繁に食べられない（ダイエット）生活を送っているせいか、
アッという間に不二家さんのケーキを平らげていたね。
そもそもプライベートでメンバーとケーキを食べに行くこともないから、
みんなあんな子どもみたいな笑顔で「美味しい」「美味しい」言って食べてるの、
めちゃめちゃ新鮮な発見や気づきだったね』

……とか何とか言いながら、向井康二くんのチクリによると、

『しょっぴー？ 何か一人だけお持ち帰りしてたよ。
しかも撮影で使ったのじゃなく、別に頼んでいたヤツを』

――だそうで、誰よりも不二家のケーキが大好きなのバレバレなんですけど（笑）。

初主演ドラマで確信した〝視線を感じてキレイになる〟理論

『1月ドラマの撮影に入って、初めての主演はもちろん嬉しかったんですけど、
やっぱりプレッシャーも凄いじゃないですか、そもそも自分の芝居に自信があるほうでもないので。

そんなとき、夜中にラウールから突然電話がかかってきて、

「現場、どんな感じ」——って聞かれたんですよ。

最初は〝何でコイツ探り入れてきてんだ⁉〟と気になって割と強めに「何でだよ？」と返したら、

「マネージャーさんから〝しょっぴー頑張ってる〟って聞いたから、
近いうちに何か差し入れしたくて。

キャスト以外が差し入れしても怒られない？

俺じゃなくてしょっぴーが生意気だとか言われたりしない？」——って聞かれたんです。

もうそのラウールの気遣いに胸がキュンキュンしちゃって、
アイツ俺より11才も年下なのに、全然大人の振る舞いができるヤツなんですよ』〈渡辺翔太〉

2024年1月クール、Snow Manメンバーの〝ドラマ旋風〟の中でも、岩本照（『恋する警護24時』）と並んで初主演が注目された渡辺翔太。

日本テレビ・シンドラ枠『先生さようなら』では、初主演と同時に初の高校教師役（美術教師）も務め、この作品で渡辺は17才の高校生と27才の高校教師・田邑拓郎を演じ分けた。

番組のキャッチに〝生徒だった僕は、先生に恋をした。先生になった僕は、生徒に恋された。〟とあるように、現在と過去の2つのラブストーリーが織りなす、輪廻する〝さようなら〟の物語。

初回は『俺が好きだったのはあの頃、何も持ってなくて空っぽだったあの頃、僕のすべてはあの人で、夢中になれるものはすべてあの人から生まれたものだった』という渡辺のセルフナレーションから入ったが、その5秒後には回想シーンで担任の国語教師・内藤由美子（北香那）とキスをする寸前のラブシーンに。

そして高校の美術教師となった拓郎は、自分の描いた絵を熱心に見つめる2年生の城嶋弥生（林芽亜里）を見かけ、かつて由美子のおかげで〝夢中になれるもの〟を見つけた拓郎が、今度は弥生にとって〝夢中になれるもの〟を見つけるきっかけとなっていることに気づく。

『最初に〝輪廻系〟って聞かされたとき、
韓流ドラマによくある〝タイムリープ系〟かと思ったんですけど、
運命的なモノでやりがいがありました。
あえて〝失礼〟を承知で言いますけど、
現実にはタイムリープなんかしないわけで、
嘘のストーリーを演じたくなかった。
だから思い出の中で繰り返されるストーリーで、
最後は拓郎と弥生は離れていくにしても、
その前提で気持ちは作りやすかったですね』〈渡辺翔太〉

タイムリープ系のドラマといえば確かに韓流ドラマお得意のテーマだが、渡辺翔太といえば韓流スターも真っ青の美容番長だ。

『ドラマを撮ってて気づきましたけど、
「顔つきが年令に追いつきたいなァ〜」と。
そうなれば美容道への説得力を、よりもたせられる存在になれるし、
俺が目指すべきはそっちでしょ。
主演をやらせていただいたことで、
つくづく〝視線を感じてキレイになる〟理論の正当性にも気づきましたね。
俺は自分が「キレイだな、心地いいな」と思うモノをこの目で見ていきたい。
逆にいえば俺自身もそうありたい。
〝自分を客観的に見る〟という意味で、
〝見られてキレイになる〟は絶対に正しいから』

2023年からは美肌に留まらず、トレーニングを含めたボディメンテナンスにも余念がない渡辺翔太。

『肩幅が広くなったし、そうなると似合う服やファッションも変化した。
俺はグループで活動しているからこそ、その中で個性を発揮したいし、
「グループの中で何が好きなのか、何ができるのか」を考えていった末に、
〝美容の渡辺〟という個性が生まれた。
すべてにおいてSnow Manというグループにいることが、
俺の人生のモチベーション』

力強く語った渡辺翔太。
このドラマを通し、渡辺翔太の個性にさらに磨きがかかることを願おう！

渡辺翔太 フレーズ

『いい意味で、俺は愛想を捨てた。
自分に無理をしない生き方だから』

「愛想を捨てて無理をしない生き方をする」とは、「誰彼構わずヘラヘラと愛想を振りまく必要はないのでは?」——の意味で、決して「無愛想に生きる」わけではない。それが「いい意味で」だ。

『よく「翔太はマイペース」とか、
「周囲に惑わされない」「ポーカーフェイス」とか言われるけど、
俺だってある程度はまわりの評判を気にしてるよ（苦笑）。
でも必要以上には気にしない。
だってそれって、自分自身が充実してない証拠だから』

自分自身の心も体も充実し、迷いのない道を歩めていれば、周囲の評判（特に悪評）を気にする必要はない。また気にすることで心が弱くなる、向かいたくない方向に向かってしまうこともある。

自分自身を充実させるためにも、周囲の評判を必要以上に気にすることはないのだ。

『一番いい友だちは「尊敬できてバカ話もできる相手だ」って聞いて、
メンバーの誰にバカ話を振るかを毎日悩んでるんだよね。
だって"一番いい友だち"オーディションじゃん(笑)?』

そのオーディションに合格するのは(本人以外の)Snow Man
8人のうち誰? それともSixTONES6人のうちの誰か?
……Mattさんじゃないことを(勝手に)祈ってます。

5th Chapter

向井康二

Koji Mukai

—TEAM SnowMan—

向井康二、突然の〝卒業宣言〟！

STARTO ENTERTAINMENTに所属するゲーム好きアーティストたちが、グループの枠を超えて集まったYouTubeチャンネル『放課後 GAMING LIFE』。

これまでは向井康二を含む17名のメンバーで運営されてきたが、2024年に入り、そのチャンネルから向井康二が卒業することが発表された。

『ちょっとありがたいことに単独でのお仕事をたくさんいただけるようになったじゃないですか。
2024年は1月クールから連続ドラマ『リビングの松永さん』にも出演させてもらえて、
この先まだ情報解禁になってないお芝居の仕事があったりするから、
ちょうどいいタイミングというか、
キリのいいタイミングで卒業させてもらうことにしたんです』〈向井康二〉

向井康二はチャンネルが立ち上がった2022年1月から参加している最古参メンバーで、丸2年間で投稿された530本以上の動画、その多くに出演している。

「チャンネルが勝手に制定した『放課後 GAMING LIFE アワード 2023』でも〝ナイスプレイ賞〟を受賞しています。一般のテレビ視聴者には馴染みのないチャンネルかもしれませんが、向井くんはゲームをプレイすることはもちろんのこと、その場を盛り上げる〝賑やかし〟の役割も多く担っていた。向井くんが卒業して場が盛り下がったり静かになるわけではありませんが、あの独特の声が響かなくなるのは寂しいですね」(テレビ東京スタッフ)

その『放課後 GAMING LIFE』に参加している現在の正規メンバーは、有岡大貴、玉森裕太、宮田俊哉、佐藤勝利、重岡大毅、神山智洋、藤井流星、高地優吾、森本慎太郎、田中樹、深澤辰哉、佐久間大介、高橋恭平、長尾謙杜、大橋和也、中村海人の16名。ここに同じくSTARTO ENTERTAINMENTのアーティストがゲストで出演することもある。

「2022年1月スタートですから、割算すれば1年間に250本前後の動画を投稿、または配信したことになる。そりゃあ忙しくて参加もできなくなりますよ。向井くんのように多ジャンルの番組からオファーが集中するアーティストには参加継続はキツい」(同テレビ東京スタッフ)

『俺個人の夢は〝eスポーツでのオリンピック出場〟もあったんやけど、今はホンマに体がいくつあっても足らんから、泣く泣く卒業させてもらった。

たまにゲストで参加するのもアリアリで。

それと正直、ゲームに対する自分の限界も感じてる。

俺よりも年上のメンバーのほうが多いから年令は言い訳にはできへんけど、反射神経とか瞬時の判断力、めっちゃ落ちてるからね、俺（苦笑）』

そんな向井は個人的なMVPとして、田中樹が船長としてプレイした、海をイカダで漂流するサバイバルゲーム『Raft』を挙げた。

『無人島からイカダで脱出するといえば俺やし（笑）、
樹にあんなリーダーシップがあるなんて、
あのゲームをするまで気づかへんかったし。
せやけど実際に脱出するとなったら、
俺のほうがサバイバルマスターやけどな』

『放課後 GAMING LIFE』からの向井の卒業は残念だけど、アイドルが出演する数多くのYouTubeチャンネルの中でも特有の面白さを持つ『放課後 GAMING LIFE』だけに、今後も新メンバーの加入や入れ替わりを経て、ゲームに熱中する彼らの〝素〟を見せ続けて欲しい。

もちろん向井康二にも〝ゲスト参加〟で盛り上げて欲しいよね。

向井康二がハマる〝バーテンダー役〟

向井康二が中島健人と共演した2024年1月クールの連続ドラマが、火ドラ★イレブンの『リビングの松永さん』（カンテレ／フジテレビ系）だった。

物語は人気コミックが原作で、6人の男女が暮らすシェアハウスが舞台。シェアハウスで暮らすことになった女子高生のミーコ（美己）とデザイナー・松永純との恋愛がストーリーの核で、向井はそのシェアハウスで暮らすバーテンダー・鈴木健太郎役。健太郎が働くバーもしばしば物語の重要なシーンで登場し、向井のバーテンダーとしての所作も〝美しい〟〝プロと言われても納得する〟と評判だ。

もう一つ話題になったのが、向井康二のイメチェン。自髪を伸ばし、耳にかかるロン毛姿を披露している。

「ドラマの中のロン毛といえば、かつて先輩の木村拓哉くんが数々のヒットドラマの中で披露していた〝キムタクヘアー〟。中島健人くんに言わせると『木村さんのロン毛は茶髪がかっていたしサラサラだったけど、康二は黒髪で脂っぽいからね。同じ〝ロン毛枠〟に入れるのは木村先輩に失礼すぎる』――そうです」（フジテレビ制作スタッフ）

ルックスはともかく、ことバーテンダーの所作については、『自主練含め、真剣に学んだ』と胸を張る向井康二。

『小指と薬指で挟んで親指で押さえるシェイカーの正しい持ち方や、シェイカーを振る際、右利きだから左足を前に出したほうがカッコいいテクニックとか、みっちりとプロの先生に教えていただいた』

さらに河合郁人経由で亀梨和也に連絡を取り、お勧めのバーをいくつも紹介してもらったそうだ。


『(旧)ジャニーズの先輩で〝バー〟といえば亀梨くんで、亀梨くんが実際に通っている、おシャレでカッコいいバーテンダーさんがいる店を何軒か紹介してもらったんです。

それで一人でその南青山とか恵比寿の店に行って、カウンターの隅に座って観察してました。

そういうのって〝見て覚える〟というか、立派な自主練じゃないですか?

おかげでクランクインする前、何ヶ月間かは(飲み代で)金欠になりましたよ(苦笑)。

撮影に入ってからは、健人くんに連れてってもらってご馳走になりました』

そうやって覚えた向井康二のバーテンダー姿は、ファンや視聴者には「長くてきれいな手先の仕草が美しい」「ロン毛から見える耳、フェイスラインもカッコいい。絶対に本人、意識してる」「手が大きいからシェイカーも映える。本物のバーテンダーさんだったら毎週通いたい」と、大絶賛の嵐。

中島健人も——

『確かに康二って、身長高くないのに手が大きくてキレイなんだよ。
あの手の大きさ、顔の大きさだったら、
身長185㎝ぐらいないとバランス悪いんだけど（笑）。
……それはさておき、店でのシーンは俺も見とれちゃう』

——と褒めて（？）いた。

『美己役の高橋ひかるチャンが滋賀(大津市)の人で、
カメラが回ってないところでは、滋賀やのに結構コテコテの関西弁なんですよ。
年令は22才やけど女子高生の役で、
大阪の地下鉄に乗ってると、
「ようこんな女子高生見かけたな」……みたい感じで懐かしかったです。
東京の電車乗ってても、関西弁で話す女子高生見ませんからね(笑)』

そんな向井康二が演じた健太郎は、原作ではネイリストの大貫朝子(黒川智花)と結ばれてシェアハウスを退去していく。

『俺個人的にはシェアハウスで暮らすのとかたぶん無理やし、
その中で住人同士の恋愛沙汰とか、外から見たら「ありがちでつまらんの～」とは思う。
せやけどこれはあくまでもドラマやし、
最後まで精一杯、健太郎を演じさせてもらった。
あと将来、バーの経営もカッコいいよね。
全然繁華街じゃない住宅街の中にポツンとあったりする店。
喪黒福造みたいな常連客がおったら怖いけど（笑）』

そう言って笑う向井康二だけど、『笑ゥせぇるすまん』とか、今のファンの皆さんは昔すぎて
知らないいんじゃない（苦笑）!?
それにしても〝バーの経営〟の夢まで語るようになったとは。
今回のバーテンダー役がよっぽど向井自身、手応えがあるハマり役なんだろうね。

地元タイでの〝メンバー一番人気〟は俺！

「ウチの会社に毎年この時期（2月初め）に遅い正月休みを取る30代のスタッフがいるのですが、年明けの新年会で〝今年（2024年）はＳｎｏｗ Ｍａｎが出ないから楽です〟なんて、謎の言葉を残しながらウキウキしていたんですよ。話を聞いてみると彼はアイドルヲタクで、例年2月にバンコクで開催される『ＪＡＰＡＮ ＥＸＰＯ ＴＨＡＩＬＡＮＤ』というイベント観覧のために正月休みを取っていたのです。そこには日本から大挙してアイドルが遠征（出演）するそうですが、Ｓｎｏｗ Ｍａｎが出演するとしないとではライブステージのチケット販売に大きな影響が出るらしく、その彼が言うには〝Ｓｎｏｗ Ｍａｎが出演した2020年と2023年はチケットの争奪戦、ほぼ予約開始と同時にチケットが売り切れていた。でも今年はＳｎｏｗ Ｍａｎが出ないので、（開催の）1ヶ月前でもチケットが選び放題で気持ちが軽い〟とのことでした。日本以外の国では基本的には座席の位置によってチケット価格に差がつけられているそうで、Ｓｎｏｗ Ｍａｎが出演しないので〝ステージ目の前のブロックが空いていた〟と大喜びでしたね」（大手制作会社代表）

Ｓｎｏｗ ＭａｎはＣＤデビュー直後の２０２０年、そしてコロナ禍が明けた２０２３年。イベントのヘッドライナー（目玉）として現地タイを訪れ、『ＪＡＰＡＮ ＥＸＰＯ ＴＨＡＩＬＡＮＤ』に参加（※２０２２年はバーチャル出演）。特に２０２０年は、海外での常識である〝動画撮影〟や〝写真撮影〟が横行し、日本のファンの間で物議を醸したことは記憶に新しい。

今年はメンバー５人が連続ドラマに出演していたスケジュールの都合、さらには故ジャニー喜多川氏の性加害問題も影響したのか、『ＪＡＰＡＮ ＥＸＰＯ ＴＨＡＩＬＡＮＤ ２０２４』への参加は叶わなかった。

Ｓｎｏｗ Ｍａｎが２０２０年、２０２３年と当時のジャニーズ事務所としても〝異例〟の参加を承諾したのは、向井康二がバンコク出身であるからに他ならない。

「２０２０年のデビュー年はグループ全員での参加でしたが、動画撮影や現場の混乱が影響したのか、２０２３年は岩本照くんと向井康二くん、２人だけの出演でした。それでもタイや周辺国での一番人気は地元出身の向井康二くんですから、現地のファンは熱狂的な声援を送っていたそうです」

（人気放送作家）

それだけ向井の地元タイではＳｎｏｗ Ｍａｎ人気、特に向井人気が凄いということだ。

『日本での人気はめめとラウールに少し負けるけど（笑）、
タイでの人気は大幅に勝ってるからね。
そんなに何日もいられたわけやないけど、
『JAPAN EXPO』に出た日は向こうにいる親戚が来てくれて、
ちょっとええレストランで俺がご馳走したよ。
もちろん照兄ィの分も』

以前から向井康二は、親戚一同に〝みんなで行ってみたい〟レストランを指定されていたそうだ。

『そんなに超高級ってわけじゃないんですけど、現地の人はあまり気軽に行けない感じの店。
東京で言うたら江戸前鮨の〝鮨 次郎〟みたいな、老舗で憧れの店みたいな位置づけらしいです。
個人的には夜景が綺麗なレストランとかにしたかったんですけど、
みんなが〝行きたい〟ところに連れていくのが〝親戚孝行〟ですからね』

しかしいざレストランに行ってみると、親戚一同は岩本照に夢中で、久々に会った〝身内のスター〟はないがしろだったようだ。

『去年の秋、阿部ちゃんとバンコクロケで行ったときも、親戚は俺よりも阿部ちゃんに夢中やった。……まあ、俺はその気になればいつでも会えるし、パソコンやスマホでビデオ通話もできるしね』

――そう言って納得する向井康二だけど、その〝強がり〟はちょっと空しいかも（苦笑）。

『でも事務所にはホンマに感謝していて、言うてもSnow Manを（『JAPAN EXPO』に）喜んで送り出してくれるなんて、俺に言わせれば奇跡みたいなもん。
おかげで親戚一同に元気な顔を見せられるし、
2025年以降も最悪俺一人でもエエから『JAPAN EXPO』に出られると嬉しい。
それにジャパニーズカルチャーを輸出する〝お国の仕事〟やから、
めっちゃ誇りにも思えますしね』

次はぜひ、Ｓｎｏｗ Ｍａｎの『アジアツアー』で凱旋する姿を見てみたい。

でも、そのときは親戚一同は呼ばないほうがいいかも。

だって親戚一同がメンバーに夢中で、〝身内のスター〟だけポツンと一人寂しそうにしてることになるかもしれないから。

向井康二フレーズ

『すげえ昔、某関西の先輩に――
「彼女ができたら絶対に元カノとの思い出は〝覚えてない〟って言うんだぞ」
――って恋愛テクニックを教わったんやけど、
ありがたいことに1回も披露できてへんわ（苦笑）』

この某関西の先輩がＷＥＳＴ．の桐山照史くんかどうかはさておき（笑）、残念ながら２０２４年も向井康二には〝恋愛テクニックを存分に発揮する〟場面が訪れないようだ。

『Snow Manに入ってから思ってんのは、
あえて頑張りすぎないこと。
頑張るときに頑張るのは当たり前やけど、
でも無理をしすぎて頑張ったら潰れるだけやん』

『これまで無理をしすぎてもいい結果を得られたことがない!』——という、向井康二の経験則。そこには皆さんも共感するヒントがあるはず。

『レッスンでちょっと体がついていかんとき、
「地べたに座り込むのは〝サボり〟やなくて〝エネルギーの充電中〟」
……って言い訳はよく使います(笑)』

旧関西ジャニーズJr.時代は年長組で後輩たちを引っ張らなければならないため、レッスンで自らが先頭に立って休むなど言語道断。しかしSnow Manでは先輩が6人もいるのだから、少しは甘えていいんじゃない?……その言い訳はさておき。

6th Chapter

阿部亮平

Ryohei Abe

—TEAM SnowMan—

クイズ王とともに目指す阿部亮平の目標

『正直に言うと、ガチな知識クイズの解答者としての〝怖さ〟は全然ないんだけど、謎解き系の勘のよさはめっちゃ怖い。

やっぱり売れてるタレントさんって、みんな勘のよさは天才的だからさ。

今年は『ゴチ』メンバーにも抜擢されて、そっちの調子もいいみたいだし、2年連続のブレイク芸人ランキング1位もあるんじゃない？

……あっ、2年連続の2年目も〝ブレイク〟なんて言うのは失礼かな!?』〈阿部亮平〉

阿部亮平が2022年7月からレギュラー出演する『今夜はナゾトレ』（フジテレビ系）に、2024年1月からゲスト解答者枠のシーズンレギュラーとして加入したのが、女性ピン芸人の〝やす子〟。

ORICONが発表した『2023年ブレイク芸人ランキング』で堂々のトップを獲得した彼女は、元自衛官の経歴を活かし、2024年元日の能登半島大地震発生直後には誰よりも早く被災地でのサバイバル術をX（エックス）で発信。大きな話題になったことは記憶に新しい。

『他の特定の誰かと比べるつもりはないけど、やす子さんのポスト（投稿）には日本中から感謝の声が上がったもんね。さすが元自衛官！俺も大災害や大事故が起こったとき、〝何を発信すれば役に立てるのか？〟――やっぱりいろいろと考えさせられた』

『今夜はナゾトレ』は有田哲平、タカアンドトシ、阿部亮平、宇治原史規がチームキャプテンとなり、本番直前にくじを引いて当日ゲストとのペアリングを決定。2人1組となってクイズや謎解きに挑む。阿部は現在〝シーズン（上半期・下半期）優勝レース〟を2連覇中で、今シーズンは3連覇を賭けての挑戦中だ。

『やっぱりゲストとのカップリングだから、それに恵まれるかどうかは大きなポイント。
『Qさま!!』では対戦成績がかなり分が悪い宇治原さんに勝ててるのも、
カップリング次第の典型的な例だと思う。
そんな宇治原さんとやす子さんがカップリングしたときは、
いつも以上に気を引き締めるつもり。
そういえばやす子さんって、YouTubeで三宅健くんと何かやってたよね？
コテンパンにしたら「やす子をイジめるな！」とか健くんに言われそうだけど、
そこはいくら先輩のツレでも容赦はしませんよ（笑）。
もちろん俺とのカップリングのときはウェルカムだけど』

そんなやす子はシーズンレギュラー入りに際し、『いつもバラエティではちょっとポンコツな面が出てしまっていますが、『ナゾトレ』はひらめきでいいところを見せます！〝やす子って実は頭がいいんだ！〟って思われたいんですけど、最近横浜の〝浜〟の字がわからなかったので、漢字は苦手です。今回のシーズンレギュラーをきっかけに、さらなる飛躍と芸能界の〝はい〜（high＝高み）〟を目指して行きたいですね』と、事前に用意したであろうオチまでつけたコメントを出している。

『「間違いなくやす子さんがキーパーソンというか、
ダークホース的な存在になるんじゃない?」――とは、
宇治原さんや『クイズ ミラクル9』でお世話になってる有田さんとも話してるんだよね。
有田さんに言わせると――
「競馬の穴馬も長年追いかけなければ万馬券は獲れない。
それと同じでやす子も長い目で見守ると、いつか大仕事をやってのけそう」
――って感じていらっしゃるみたいで、
やす子さんが大仕事をやり遂げたとき、俺のチームだったら嬉しい』

果たしてそんなに都合よくいくかどうかはさておき、2024年も『クイズ番組では変わらず結果を残していきたい』と意気込む阿部亮平。

『この前、クイズ王の伊沢(拓司)くんと話したんだけど、

「そろそろ俺たちの世代が後進を育てていかなくちゃいけないな」――って。

そのためには俺と伊沢くんがMCや出題者側に回る番組をやりたいっていう話になって、

「お互いに知り合いの放送作家さんに企画を売り込んでみよう!」――って盛り上がった。

まだ何か具体的に進んだわけじゃないけど、
いつも出演オファーをいただいて満足するだけじゃなく、発信者としての自覚も示していきたい。

そんな2024年になったらいいな。

もちろんSnow Manの仕事が一番だけど』

そんな阿部亮平の目下の悩みは――


『STARTO ENTERTAINMENT〝クイズ部〟の人材が、

(川島)如恵留以外はあまり戦力にならない』

――ことらしい。

阿部亮平が放つSnow Manで〝唯一無二の存在感〟

『俺自身、これまでに雑誌の表紙や、
巻頭グラビアみたいなお仕事をさせてもらったことはもちろんあるんだけど、
そこに〝Snow Man初〟的な冠がついたこと、あまりないからさ。
そういうのは本当、光栄だと思う。
だって自分で言うのも何だけど、めめやラウールを差し置いて、俺だよ?
康二は全然、何百mも後ろに差し置くけどさ(笑)』〈阿部亮平〉

2024年2月、男性ファッション誌『smart』4月号の表紙を飾った阿部亮平。
Snow Manのメンバーが初めて表紙に登場するsmart誌は1995年10月に創刊され、阿部が表紙を飾った時点で約28年と半年の歴史を誇る若者層向けのファッション誌だ。ファッションから音楽、エンタメ関連のテーマも手広くカバーする内容になっている。

『応援してくださるファンの方は女性も男性も嬉しいけど、男性アイドルなら若い男の子、女性アイドルなら若い女の子、つまり同性ファンにアピールできる機会は本当にありがたいんですよ。

俺はめめやラウールみたいに黙っていても若い男の子たちに憧れられる存在でもないし、こうしたファッション誌のインタビューで扱ってもらえると、俺を知ってもらえる絶好のチャンスになるじゃないですか!』


その言葉通り、合計12ページにも渡る阿部亮平の特集が組まれ、いかにも彼らしい「春を纏う知的なファッションスナップ」をテーマに、カジュアルで上品な大人っぽさをプラスした阿部亮平スタイルを提案。プライベートのファッションや最近買ったお気に入りアイテム、メンバーのオシャレについても存分に語ったそうだ。


『〝ゲラ〟っていうの? 自分でチェックしたからね。

いつもはマネージャーさんがチェックするところ、俺自身がチェックしたから。

Snow Manのスタッフさんたちに「気合い入ってますね」って驚かれたよ(笑)』

昨年から自身の知的好奇心は『旅に向いている』と明かす阿部亮平。

『俺たちっていつも直前じゃないと翌日のスケジュールも正確にはわからなくて、
もちろんドラマとか映画とか、決まった段階で作品については教えてもらえるんだけど、
何日も前に教えてもらえるのはせいぜいクランクインの日程ぐらい。
だから休みが欲しいときは事前に交渉するんだけど、
急にスケジュールがバラシ（キャンセル）になって〝明日オフになりました〟みたいなときは、
朝起きて天気をチェックして「大丈夫だな。雨降らないな」とわかった瞬間、
1日で行って帰ってこられる所に出かけちゃう。
それこそ京都や大阪なんて気軽に行けちゃうし、
札幌や福岡で〝日帰りラーメン〟したこともあるよ（笑）。
2023年の紅葉シーズン以降は、車で遠出することのほうが多くなってるけど。
今は本当、日本のことをたくさん知りたいんだよね』

『Qさま!!』に出演し、宇治原史規さん、カズレーザーさん、石原良純さん、村井美樹さんに国内の名所旧跡などの知識が到底及ばないことを知らされたことがきっかだとか。

『めちゃくちゃ強い伊集院光さんには地理のジャンルだけは勝てるんだけど、カズさんたちには全然敵わない。
本やパソコンでいくら情報を仕入れてみても、実際にその場に行ってみないと自分の身につかないからね。
新幹線とかやっぱりグリーン車を使わないと顔バレしちゃうからお金はかかるんだけど、それは自分に対する投資で「いつかデッカく返ってくる」と信じてやってます』

阿部亮平のこの姿勢はメンバーにも影響を与え、岩本照などはこと京都に関しては阿部以上の知識を持っていると聞く。

こうしてSnow Manの中でも唯一無二の存在感を放つ阿部だもの、smart誌の読者層にも強烈なアピールができたに違いない。

Snow Manの〝裏回し担当〟

2023年11月27日、30才の誕生日を迎えた阿部亮平。

『これでMis Snow Man時代からのメンバーは全員30代になったんだよね。何かちょっと時の流れが怖い（笑）』〈阿部亮平〉

Mis Snow Manが結成されたのは2009年なので、阿部亮平は当時高校1年生。2012年5月3日、『滝沢歌舞伎2012』から新たに始まったSnow Manの歴史も、気がつけば干支がぐるりと一周してしまった。

『たまにみんなで冗談として話すんだけど、
俺たちまだM‐1グランプリの出場資格（結成15年まで）あるから、
「全然若手でイケるんじゃね？」みたいな。
そうしたら康二がドヤ顔で――
「関西で若手といえばABC（お笑いグランプリ）やけど、
ABCは10年までしか出られませんよ」
――とか言うんですよ。
知らねぇよ！
それ、ボケかツッコミかハッキリしろよ‼……みたいな（苦笑）』

そんな阿部亮平は、テレビ界では「そろそろ〝ポスト櫻井翔〟の地位を固めにきているのでは？」と囁かれ、クイズ番組よりもニュース、情報、ドキュメンタリーのジャンルで注目を集めているそうだ。

「テレビマンたちがチェックしているのはクイズ番組での正解率ではなく、その受け答えです。阿部くんは頭脳派の立ち位置に相応しく、クイズ番組や情報番組、選挙特番での受け答えやコメントが秀逸」（人気放送作家）

1年ほど前の番組出演になるが、2023年3月にNHK Eテレの『思考ガチャ!』に出演した際には、番組内での〝動画を早回ししたくなる理由〟についてのクロストークで、阿部は同じく出演していた資源循環工学、宇宙物理学、映像学の専門家たちのコメントを噛み砕いて説明したり、自身の意見として『(動画を早回しをするのは)機械に人間がどんどんと振り回されている気がする』と阿部独自の視点からシッカリとした意見を述べ、これにはスタジオの専門家たちも感心することしきりだったと聞いている。さらにMCとして番組の進行もスムーズに進行させる姿は、当時「すでに(当時の)ジャニーズでNo.1では」の評価を得ていたのだ。

また2024年に入ってからオンエアされた『僕たちは戦争を知らない〜戦禍を生きた女性たち〜』(テレビ朝日系/『僕たちは戦争を知らない〜1945年を生きた子どもたち〜』の第2弾)ではSexy Zone・菊池風磨、WEST.・中間淳太、SixTONES・松村北斗らとそれぞれ戦争体験者から話を聞いていった中で、富山大空襲に遭った女性を訪問した阿部は、エピソードの聞き出し方や表情のリアクションからも戦争の残酷さを上手く伝えていて、聞き取りやすいセルフナレーションも合わせ、その人柄が視聴者を引きつけた。相手に寄り添い、的確にキャッチすることができる阿部は、失礼ながら他の出演者とは格の違いさえ感じさせた。

『自分は一生懸命にやってるだけだし、
あの番組はプロデューサーさんの意図として「若い世代に伝えたい」というのがあったから、
自分なりに考えた結果です。
風磨くんも淳太くんも北斗も、みんなそれぞれ持ち味が出ていたと思いますよ』

とはいえ、阿部亮平のバラエティ番組での存在感も忘れてはならない。

中でも2023年9月、『出川×田中×岡村のスモール3！ビートたけしがドッキリ登場SP』（フジテレビ系）の大型特番には、宮舘涼太、佐久間大介とともに出演した阿部亮平は、3対3の水上相撲の先鋒で爆笑問題・田中裕二と対戦。圧倒的体格差があるにも関わらず田中に瞬殺されてしまうと、当然のように自チームのみならず敵チームからも一斉にツッコミとブーイングの嵐。

しかし阿部は『自分が勝ってしまうと先に2勝してしまい番組が盛り上がらない』と計算し、忖度して負けたことを告白。そのひと言に対するナインティナイン・岡村隆史や出川哲朗のツッコミも相まって、一番の笑いどころとなっていた。

自分のキャラを活かしつつ、盛り上げるところはちゃんと盛り上げるスキルも手に入れている。

『Ｓｎｏｗ Ｍａｎの代表としてバラエティ番組に出させてもらうときは、
ちゃんと番組の意図や立ち回りを汲み取って、
また呼んでいただけるように、
「阿部がよかったから他のメンバーも見てみたい」と思っていただけるように、
自分の中ではそんな〝裏テーマ〟を胸に現場に入っているつもり』

ある意味、阿部亮平はＳｎｏｗ Ｍａｎの〝裏回し担当〟と言っても過言ではない。
バラエティ番組に出るときは常に「Ｓｎｏｗ Ｍａｎのために」という意識で番組に臨んでいる阿部亮平。

Ｓｎｏｗ Ｍａｎ代表としても、一人のタレントとしても、阿部亮平が今後どんな活躍をしていくのか、楽しみでならない――。

阿部亮平フレーズ

『これは受験や気象予報士試験のときの気分転換法だったんだけど、1日の中に〝必死に勉強する時間〟と、〝ただ何もせずにボーっとする時間〟を必ず設けて、それでメリハリをつけてたんだよね。ボーっとせず、ただ一心不乱に料理を作る時間にしてもいいんじゃない？掃除とか』

つけ加えると、ゲームやマンガなど自分が熱中しすぎてしまう気分転換は厳禁だとか。『料理や掃除にはゴールがあるけど、ゲームやマンガには（新しいものに手を伸ばして）明確なゴールがない。だから絶対にＮＧ』——と、阿部亮平らしい回答。

『人間の強さって、決して個人だけの強さじゃない。
強い人、弱い人が集まって助け合い、チームで強くなればいい。
俺、クイズ番組(のチーム対抗戦)でそれを学ばせてもらった。
人に力を借りるのも、逆にこちらが貸せるのも〝強さ〟だと思う』

Snow Manの強さもまさにそれ。9人個々の力を単純に足すのではなく、チームとしての9人だからこそ素晴らしいパフォーマンスを生み出せるのだ。

『〝自己肯定感〟って両刃の剣で、
俺はいろんなことができて、
その分野の自己肯定感だけが高くなるよりも、
あれこれちゃんとできない自分を認めることのほうが、
真の自己肯定だと思ってるんだよね』

自己肯定感とはまさに言葉の通り「ありのままの自分を肯定する感覚」だ。他人と比較することなく、自分自身が〝今の自分〟を認め尊重することで生まれる感覚。この自己肯定感が低いと、過剰に周囲の人と自分を比べてしまう癖に繋がってしまう。過剰に他人と比較し、「何で自分はできないんだ」と自己嫌悪に陥ってしまったり、嫉妬や劣等感で苦しむようになる。阿部亮平は『苦しまないように自分自身を肯定しよう』——と勧める。

7th Chapter

目黒蓮

Ren Meguro

—TEAM SnowMan—

“同志”であり“最高に刺激し合える”仲間

ラウールのエピソードでも少し触れたが、今年は新年早々、初めてファッションウィークに、それもイタリア・ミラノでのファッションウィークに参加した目黒蓮。

「目黒くんが参加したのは『フェンディ（FENDI）』の2024‐25年秋冬メンズコレクションで、開催されたのはミラノのFENDI社ショールームでした。目黒くん以外にも韓国のFENDIブランドアンバサダーで人気俳優のイ・ミンホをはじめ、世界のセレブリティが参加していました。目黒くんやイ・ミンホもそうですがFENDIが招待したセレブの多くが俳優業に携わっていて、ブランド戦略の一貫性が窺えましたね」（ファッション誌編集長）

意外にもショーへの参加はこれが初めてだった目黒蓮だが、ラウールに感化されたのか——

『2023年に立てた目標の一つが、「ファッションウィークに招待されること」——だったんですよ。
俺は招待される側だからどう頑張ったらいいのかイマイチわかんなかったんですけど、
ラウールにもアドバイスをもらって、
常にまわりから〝見られている〟ことを意識して行動していましたね』

その結果、見事に目標を達成した目黒蓮。

『ラウールはアルマーニのコレクションに参加していて、
2人ともミラノにいたのに、帰りのパリで待ち合わせた。
おシャレだと思わない?』

ミラノ滞在中はFENDIのショー関連でいくつものインタビューや密着取材がついていたため、自由行動もままならなかった目黒蓮。それゆえあえて、ラウールとはパリで落ち合ったようだ。

『ファッションに関するインタビューや密着はありがたかったんですが、
その代わり自分の時間はほとんど取れなかったからね。
Ｉｎｓｔａｇｒａｍで見てくださった方も多いと思いますけど、
ホテルの窓からミラノの街を眺めるのが精一杯。
でも取材も部屋でやってもらったりとか、日本では体験できない特別感はありましたね。
場所がミラノのホテルっていうこともあったと思うんですけど、
自然とファッションについてのこだわりや、
〝自分とファッションとは〟みたいなことをぼーっと考えていたり。
何だかすっかり〝その気（モデル気分）〟になってました（笑）』

その他にもショー会場を見渡しながら、その場でしか感じられない貴重な体験を味わったという。

『このショーが完成するまでにいろいろな人たちが関わって、
何度も何度も繰り返しリハーサルをしたりとか、
皆さんの努力が会場の空気に漂っている感覚。
歴史の重みとかもそうですけど、あの場じゃないと感じられないことがたくさんあった。
それは本当に、これからの俺の大きな糧になってくれるはず』

――と語る目黒蓮。

ファッションショーでもドラマや映画、Ｓｎｏｗ Ｍａｎのステージでも、一つの作品を生み出す過程のアプローチは『同じじゃないかな』とも感じたそうだ。

『刺激を受ける以上、どんなお仕事でも積極的に受けていきたい。
すごく先の将来はお芝居の仕事に絞るかもしれないけど、
まだまだ何年も、どんなお仕事でもお芝居に活かせる、
フィードバックさせられる刺激を受けるはず。
そんな話をパリでラウールと語り合ってましたね。
……ちょっと照れくさいけど（笑）』

最も近くに、同志であり最高に刺激し合える仲間の存在がいる。

『自分はとても幸せ者』

そう言って、目黒蓮は優しい微笑みを浮かべた――。

目黒蓮と舘様の共通点とは？

『ルーティンを決めて守れる性格じゃないし、その場の感覚で過ごしたい性格でもあるから、自分からルーティンとかジンクスとか決めたくないんだよね。

照くんのトレーニングのルーティンとか、しょっぴーのスキンケアのルーティンとか見てると、スゴいなァ〜って思うのと同時にますます〝自分には無理〟と思っちゃう。

そんな俺と実は一番近いのが舘様で、イメージでいえば誰よりもルーティンを決めてそうだけど、実際にはルーティンを決めないらしい。

だって舘様とルーティンの話になったとき――

「俺のルーティンは朝起きたらカーテンを開けることと、最低1日に1回はお風呂に入ること」

――って言うんだよ。

そんなのルーティンじゃないし、
それを〝ルーティン〟だと思ってる舘様ってかなりヤバいよね（笑）』〈目黒蓮〉

さらに目黒蓮は宮舘涼太について――

『それと照くんのトレーニングやしょっぴーのスキンケアを、「あれはルーティンじゃなくてビジネスの準備」――とか言ってんだもん。もう舘様の感覚、わかんない（笑）』

そんな目黒蓮と宮舘涼太に共通していること。

それは――

『ルーティンを決めちゃうと、それが崩れたときの修正が面倒くさい。その後の1日のスケジュールに影響する』

――ことに対する違和感であり、嫌悪感だと明かす。

しかしそんな2人でも、『できたらルーティンに入れたい』ことはあるようだ。

『俺は完全に〝散歩〟だね。
しかもお気に入りの公園の中を隅から隅まで歩きたい。
お気に入りの公園の中に小さな〝森ゾーン〟があって、
そこはもちろん道が続いてはいないんだけど、
つい中に足を踏み入れたら、高校生のカップルを驚かせたことがあってさ。
それは人の恋路を邪魔して申し訳なかった（笑）。
でも俺なんかまだマトモなルーティンに入るけど、
舘様は自分のルーティンに〝衝動買い〟を入れたいとか言ってて、
やっぱりそのへんはマトモじゃない（苦笑）。
しかもそれは「世間の宮舘涼太に対するイメージを満足させるため」――とか言っててさ。
世間、どんなイメージだと思ってんのかな？　あの人』

――そう言って笑う目黒蓮だけど、今のところ〝個人チャンネル〟を立ち上げる予定はないらしい。

『結局ドラマとか映画、ライブの舞台裏みたいな動画しか思いつかないし、
そうなったらそれは専用のチャンネルとかSNSが他にありそうじゃん。

舘様はイメージがどうこう言ってたけど、
俺もできるだけプライベートはみんなの想像にお任せしたい（笑）。

……あっ、でも〝料理動画〟はやってもいいかな？

買い物からこだわって食材選びをして、〝目黒蓮やるじゃん〟と思われたい気持ちはある。

いっつも作りたいものが仕事中に浮かんだら、そのレシピを調べて帰りに買い物に行く。

その過程は自分でも楽しんでるからね』

いつか目黒蓮〝こだわりの料理動画〟の配信チャンネルが始まることを期待しよう。

目黒蓮と佐野勇斗、グループの垣根を超えた友情

2024年1月29日、(同日現在で) フォロワー208万人を誇る目黒蓮のInstagramが話題になった。

「同じ日に放送される、目黒くん自身も出演した『アイ・アム・冒険少年 超脱出島SP』(TBS系)の告知ではあったのですが、目黒くん主演の連続ドラマ『トリリオンゲーム』のバディとして共演した佐野勇斗(M!LK)くんの『脱出島』出演をアピールするものでした」(ベテラン放送作家)

そんな目黒と佐野は皆さんもご承知の通り、2023年7月クール、目黒蓮にとって民放連ドラ初単独主演作となったTBS系金曜ドラマ枠『トリリオンゲーム』の共演者。連ドラ『silent』(フジテレビ系)での切ない演技が高く評価された目黒蓮初の単独主演作は、その『silent』で演じた役柄とは正反対の、超傲慢かつハイテンションな陽キャが話題になった。

「ファンの皆さんは目黒くんと佐野くんの共演が叶ったことで、スタジオのMC席とVTR越しだったとはいえ、『トリリオンゲーム』を思い出して嬉しかったのではないですかね」(同ベテラン放送作家)

実際、脱出島に到着した佐野は、カメラに向かって「目黒く～ん」「目黒く～ん」「蓮く～ん」と手を振り、スタジオで見守る目黒にアピールを繰り返す。また目黒には事前に脱出島に挑戦することを連絡していたと明かし――

『「脱出島行きます！」って言ったら「おう、頑張れ」って返ってきました』

――と、今も交流が続いていることを嬉しそうに話してくれた。

「そのやりとりを聞いたスタジオのハライチ・澤部佑は、目黒のことを**『意外と兄貴肌』**と、視聴者を代弁するかのように驚いていましたね。件のＩｎｓｔａｇｒａｍですが、こちらにも（ストーリーで）**『今日の冒険少年脱出島は、俺の元？ バディ佐野勇斗!! 絶対見てね』**――と、愛を感じるメッセージを投稿していました」（同前）

そんな目黒蓮と佐野勇斗の関係性だが、番組スタッフが「佐野くんが打ち合わせでずっと言ってたんですけど、『早く家に呼んでくれ』って」と明かすと、目黒は苦笑いを浮かべるのみ。

スタジオで「何でお家に呼びたくないの?」と問われると――

『ドラマ撮影中に〝マジで隣に引っ越してくるんじゃないか〟って……怖くなって』

――と、重すぎる佐野の〝愛〟を打ち明けた。

『あれは番組上、「盛り上げるコメントが求められてるんだろうな～」と判断したアドリブです。
でも勇斗に限らず、友だちや知り合いが近所に住むのだけは本当に勘弁して欲しいので、
ウチの住所は基本明かしません(苦笑)』

――とのことだ。

そんな目黒蓮と佐野勇斗だが、『トリリオンゲーム』の撮影中、佐野は目黒に――

『M!LKでドームツアーをしたい』

――という夢を語ったことがあったという。

『ちょうどSnow Manさんが初ドームツアーの最中だったんですけど、俺はドラマのスタッフさんと見に行かせてもらって。そのとき「どうしたらドームツアーできますか?」って蓮くんに聞いたら、『諦めずに自分に嘘つかずに頑張ればドームツアーできるよ』――って言ってもらえました。そのときの蓮くん、史上最強にカッコよかった!』

――とのやり取りがあったとか。

『もちろん鮮明に覚えてるし、
勇斗には「夢や目標は〝口にするべき〟」――とも言ったかな。
だから期待してるし、絶対に見に行くよ、
M!LKの初東京ドームには』

目黒蓮と佐野勇斗、この2人のグループの垣根を超えた関係性、カッコよすぎる!

目黒蓮フレーズ

『あるドラマの現場でスタッフさんに、

「（目黒くんは）意外に人の好き嫌いが顔に出る」

——って言われて慌てたんだけど、
そんな俺にそのスタッフさんは、

「わかるよ。嫌なヤツのために1秒も使いたくないもんな」

——とも言ってくれて、何でかすっごい胸がスッとした』

一般的にはたとえ聖人君子のような人でも、ソリが合わない苦手な相手は間違いなく存在するだろう。そんな相手を〝嫌なヤツ〟とまでするかどうかはさておき、苦手意識が表情に出てしまうこともあるだろう。それは目黒蓮も同じこと。同時に目黒蓮は、常に自分は〝見られている〟側であることも意識したそうだ。

『知らず知らずのうちに自分のルーティンじゃないことをやっていたり、
いつもとは違う選択をしているときって、
自分の中から発する〝SOSの始まり〟と捉えるようにしている』

目黒蓮曰く『無意識行動の中から違和感を探す』ことが、SOSのサインを最も早く見つけられる秘訣だそう。

『自分のやりたいことをやっていけばいいし、そうすることで〝自分のため〟の人生を生きることもできる』

STARTO ENTERTAINMENTがエージェント制を導入したことで、実は最もポジティブに捉えていたのが目黒蓮（※エピローグ参照）。この言葉には、エージェント制に対する想いも込められている。

8th Chapter

宮舘涼太

Ryota Miyadate

—TEAM Snow Man—

3人チームが生み出す〝新たな化学反応〟

『皆さん、会場が新橋演舞場と聞けば、
きっと『滝沢歌舞伎 ZERO』をイメージされちゃいますよね?
今回の『GALA』にも『祭』が付くから、まんまストレートにイメージしてもおかしくはない。
でもね、〝でも!〟ですよ。
『滝沢歌舞伎』シリーズは『滝沢歌舞伎 ZERO FINAL』でフィナーレだったし、
あれから丸1年、旧ジャニーズ事務所もいろいろとあったのは事実だけど、
俺たちはいつも9人で一丸となって前に進んできた。
今回の『祭 GALA』はSnow Manからは3人しか出演しないけど、
新鮮な力も借りて最高のエンターテインメントを生み出してみせる!』〈宮舘涼太〉

岩本照、深澤辰哉、宮舘涼太の3人が主演・演出を務める新たなエンターテインメント『祭 GALA（ガラ）』が、2024年4月1日から29日まで全37公演が上演される。

ちなみにタイトルの『祭 GALA』の〝GALA〟とは、フランス語で祭を意味する単語。つまり真のタイトルは『祭』で、そこに様々なヒントが隠されていそうだ。

『3人の主演・演出って、自分で言うのも何だけどワクワクしてもらえるんじゃないかな？
ふっかがポロッと「和と洋の要素を盛り込んだ祝祭感のある華やかなステージになる」って、漏らしちゃったけど、幕が上がるまでは基本ネタバレ禁止でやってるから（苦笑）。
でも絶対に俺らしいエンターテインメントになるし、
たくさんの優秀なスタッフさんが支えてくれてるから不安はないよ。
ポスターやパンフの〝祭〟に〝照のヒ、辰哉の夕、涼太のリ〟が隠されているのは、
滝沢演舞城や滝沢歌舞伎の〝舞〟の下半分が〝タッキー〟になっていたのとテイストが同じ。
最初見たときはいろんな意味でビックリしたけど、
スタッフと俺たちの滝沢くんに対する感謝やリスペクトだと受け取ってもらっても構わない』

内部情報によれば「来年、再来年と別のメンバーが3人ずつ主演と演出を兼ねる」との予定なので、それはまったく新しいエンターテインメントの形であるし、9人メンバーという大所帯を活かしたアイデアに他ならない。

『まず照は個人でも『SASUKE』(TBS系)で頑張ってるし、常日頃からSnow Manをリーダーとしてもパフォーマーとしても引っ張ってくれてる。演出の実力もドームツアーの振り付けや、美 少年主演の『少年たち 闇を突き抜けて』の構成・演出で見せつけてくれた。ふっかは羨ましいぐらいの運動神経の持ち主だし、演出も阿部ちゃんと一緒に、『Snow Man 1st DOME tour 2023 i DO ME』をまとめてくれたし、近い将来、Snow Manのプロデュースも手掛けてくれる期待が俺の中では溢れてる』

メンバー唯一といってもいいのが、宮舘の本格的な〝歌舞伎〟に対する取り組み。ダイナミックな動作から繊細な所作まで自在に表現するパフォーマンス力は、メンバーの誰にも劣るものではない。

初回上演だからこそ宮舘の経験と実績は欠かせない。

『気づいてる人もたくさんいると思うんだけど、
この3人って3rdアルバム『i DO ME』のユニット曲、
『Vroom Vroom Vroom』を歌ったチーム。
ある意味、そこから繋がるストーリーの終着点と受け止めてくれても間違いじゃない。
これまで旧ジャニーズ事務所の舞台やミュージカル演出を
メンバーが担当することはたくさんあったけど、
今回のように〝3人チーム〟がやることはなかったじゃん?
その化学反応というか、新たな展開も楽しんでもらいたいね』

今回3人チームで担当する舞台演出への意気込みを語った宮舘涼太。
どんな化学反応が起きるのか、宮舘涼太自身も楽しみにしていることだろう。

『大奥』出演で、ついに念願の大河ドラマからオファー⁉

2024年1月クール、宮舘涼太が出演した連続ドラマが『大奥』(フジテレビ系)だ。
「『大奥』シリーズといえばフジテレビみたいなイメージがありますが、連続ドラマとしては2005年に放送された『大奥〜華の乱〜』以来、約20年ぶりの復活。今作は〝愛〟をテーマにした、『大奥』史上最も切なくて美しいラブストーリーとの触れ込みでしたね」(ドラマライター)
これまでにフジテレビの連続ドラマでは『大奥』(2003年)に始まり、『大奥〜第一章〜』(2004年)、『大奥〜華の乱〜』(2005年)、そして今回の『大奥』と4シリーズが制作されている。
またSPドラマとしても『大奥スペシャル〜もうひとつの物語』(2006年)、『大奥「第一部〜最凶の女〜」/「第二部〜悲劇の姉妹〜」』(2016年)、『大奥 最終章』(2019年)がオンエアされている(注/フジテレビ製作の映画、2006年公開の『大奥』もある)。

『時代劇の衣裳は本当、当たり前だけど豪華だよね。
大奥の女性たちだけじゃなく、将軍様や家臣たちも豪華。
だって本物の着物だもん。
それが時代劇の魅力の一つでもあるけどさ』〈宮舘涼太〉

『大奥』の舞台は江戸時代中期、老中・田沼意次の時代。史実では田沼の悪政により景気は悪化、人々は質素、倹約、勤労の日々を強いられていたといわれている。現代のように格差は広がるばかりで、世間にはこの景気を改善し、国と国民を豊かにしてくれる将軍の登場を待ちわびる声が大勢を占めていたそうだ。

そんな中、小芝風花が演じる主人公の五十宮倫子（皇族の子女）は、第10代将軍・徳川家治（亀梨和也）との政略結婚を強いられ、江戸城本丸の大奥へと渡る（お輿入れ）。

宮舘が演じた松平定信は御三卿・田安徳川家初代当主、徳川宗武の七男として生まれ、後に老中として〝寛政の改革〟を敢行。前任者・田沼意次の政策をことごとく覆したことでも知られている。

『この作品は『大奥』シリーズ初の全編京都ロケだそうで、太秦撮影所やお寺とかで撮影されたんです。だから撮影中、少しだけ京都に滞在できた期間もあったんですよ。

スタッフさんによると小芝さんはオフの日に京都の老舗で買い物をしていたみたいですけど、俺にはそんな余裕はまったくなかったですね（苦笑）。

だって少しの空き時間レベルでも、スタッフさんに所作やセリフをチェックしてもらってましたから。

亀梨くんとは京都でご飯に行く約束もしていて、亀梨くんは俺のために松岡（昌宏）くんに連絡して美味しいお店を紹介してもらっていたそうです。

でも結局、ご飯には行けなかったですね。

亀梨くんも東京と京都の往復ばかりだったし、クランクインとクランクアップのタイミングもズレちゃっていたので。

「別に無理してスケジュール合わせなくても、東京で行けばいいんじゃね？」

――的な話にもなっていましたし（笑）。

ただ個人的には、松岡くんが『必殺』の撮影に来たときにどんなお店でご飯を食べているのか、興味津々だったんですけど』

そう明かす宮舘涼太だけに、ちょっと残念だったのかも。


『俺は時代劇が大好きでNHK大河ドラマに出るのが夢だって、

（ファンの）みんなも知ってるとは思うんですけど、
正直にいってこの作品は、

「大河ドラマのスタッフさんに対するアピールになるんじゃない!?」って気持ちも強かった。

「宮舘、時代劇イケるじゃん」……みたいな。

もちろん撮影が進むうちにそんな気持ちはどっか行ってましたけどね』

――そうして次第に撮影にのめり込んでいった宮舘涼太。

『移動中にのぞみの中でYouTubeを見てると、たまに芸能人や著名人、政財界の偉い人たちが住んでいる（京都の）地域を紹介したというか、そんな動画がちょいちょい〝おすすめ〟や関連動画で出てくるんです。

南禅寺とか下鴨神社のあたりとか、きっと〝京都〟で検索してるからだと思うんですけどね（苦笑）。

それでその中にロケで行ったお寺の名前が出てきて、「もったいねぇ～」とか口走ったりしてました。

もうちょっと早く（この動画を）見ていたら、ロケのついでに見に行けたかもしれないのに。

……ってダメじゃん、見に行っちゃ（笑）』

宮舘涼太が演じた松平定信は、将軍・徳川家治（亀梨）とは「八代将軍・徳川吉宗の孫」という立場では同じ（つまり従兄弟）。正当な後継者としての血筋こそ家治に負けてはいるが、能力では負けない自負に溢れ、将軍相手でも迫力負けしない、宮舘も堂に入った芝居ぶりは見事だった。

このドラマきっかけに、念願の〝大河ドラマのオファー〟が近づいてくる足音が聞こえたかも。

『黄金のワンスプーン！』第2シーズンに向けて仕込む"新フレーズ"

宮舘涼太が出演していた『日本全国さすらい料理バラエティ 黄金のワンスプーン！』（TBSテレビ）。

「この番組は宮舘涼太くんの単独MC番組として、2023年10月16日から12月18日までレギュラー放送されていました。レギュラー放送が終わった後、『黄金のワンスプーン～聖なる夜に宮舘を添えて～』（2023年12月23日オンエア）、『黄金のワンスプーン！ 冬の三浦半島食べ尽くし！ SP』（2024年1月19日オンエア）と、短期間に2本の特番が組まれました。テレビ業界的に考えると、4月から第2シリーズが始まる繋ぎということでしょう」（ベテラン放送作家）

『黄金のワンスプーン』レギュラー放送は関東ローカル深夜帯でのオンエアだったが、クリスマスSPは土曜日の昼間帯、そして三浦半島SPはついに初のプライム帯（22時台）かつ全国放送での1時間特番へとステップアップを果たした。

『俺としては放送時間帯も放送エリアも関係なく……というか意識せず、
面白くて、自分や視聴者の皆さんが納得してくださる番組を作るだけ。
でも1時間の全国放送になると、
早朝集合で石原良純さんが地元を案内してくれるようになるんだね』〈宮舘涼太〉

これまでも宮舘がゲストとともに様々な地域を巡り、その土地ならではの旬の食材を〝黄金のワンスプーン〟で味わい、そしてお世話になった地元の人々へのお礼としてアイデア料理を晩餐会で振る舞うコンセプトで制作されてきたが、2024年1月にオンエアされた『黄金のワンスプーン！冬の三浦半島食べ尽くし！SP』では、俳優かつバラエティタレントの石原良純が自身が育った神奈川県三浦半島を案内してくれるとともに、幼少期の思い出話も披露。三浦半島で愛される旬の食材、大根とマグロを使った絶品料理や石原家の思い出の味を堪能しながら、締めの晩餐会で披露するアイデア料理のヒントを得ていったのだ。

そしてレギュラー放送でもゲストとして登場してくれたことがある〝なすなかにし〟中西茂樹も交えた、笑いが絶えない3人のプチ珍道中が成立した。

『良純さんは有岡大貴くんを筆頭に先輩方との共演が多いんだけど、
噂に聞いていた以上に〝自由なロケ〟をする方だった。
中西さんがいなかったら（自分だけでは）さばき切れなかったかも（苦笑）。
でも本当は〝なすなか〟さんお2人がゲストの予定だったんだけど、
那須（晃行）さんが入院中（オンエア直後に退院）だったから、
俺もめちゃめちゃ心配したし、（脳梗塞の）手術も成功してよかった』

レギュラー放送では宮舘涼太のエレガントなコメントも名物となっていたが、正直なところ、若干のネタ枯れ感は否めなかった（苦笑）。

『いいんだよ！
「エレガント」のひと言と俺のカメラ目線があれば。
もし第2シーズンが始まったら、
それはそれで新フレーズを差し込まなきゃね。
同じTBSだし、
『ラヴィット！』でお世話になってる川島さんにお願いして、
考えてもらおうかな』

今回のSP、番組の締めはその川島のもとに日頃の感謝を込めた手料理をサプライズ差し入れすること。

『番組をリアルタイムで見てくれた康二からは、
川島さんへのサプライズ差し入れが、
「どことなくタイ料理の雰囲気があった。
俺にも食べさせて！」――の連絡が入ったけど、
康二にはもったいない旬食材ばかりだから、
既読スルーでソッとLINEの画面を閉じました（笑）』

宮舘涼太が本領を発揮しまくった『黄金のワンスプーン！』。
4月からの復活が濃厚とされているので、もし第2シーズンが始まったら、宮舘自身が言うように、
どんな新しい〝舘様フレーズ〟が差し込まれるのか、楽しみにしよう。

宮舘涼太フレーズ

『いきなり変なこと聞くけど、
みんなは〝前向き〟って前を向くこと、
〝逃げ出す〟って後ろに走ることだと思ってるよね？
でも後ろを向く前向きがあってもいいし、
前に走って逃げ出してもいいんじゃない？
どこが前向きかは自分で決めればいいんだよ』

自分の捉え方、考え方が前向きであれば、目の前の困難に背を向けても、それは〝勇気ある撤退〟に等しい。宮舘涼太曰く『〝前を向かなきゃ前向きとは言えない〟みたいな考え方は、きっと〝まわりからどう見られているか〟を気にしてる人の考え方』——だとか。なかなか鋭い。

『ちゃんと生きてきた、
優等生として生きてきた自分をぶち壊したくなるときって、
誰にでもあると思うんだ。
でもそれって、気をつけないと破壊的な衝動に繋がりかねない。
だからみんな、いっぱいいっぱいにならないように、
〝適当に手を抜く〟ことの大切さに気づこう!』

きっと宮舘涼太自身が、何度もそんな衝動に駆られてきたのだろう。真面目に生きている人ほど、適当に手を抜くことの大切さに気づいて欲しい。

『少なくとも自分だけは自分の気持ちを大切にする。
それを俺の〝2024年最大のテーマ〟にしたい』

Ｓｎｏｗ Ｍａｎメンバーそれぞれが STARTO ENTERTAINMENT とエージェント契約を結ぶため（※エピローグ参照）、心機一転の年となる2024年。宮舘涼太は自分流、Ｓｎｏｗ Ｍａｎ流のエンターテインメントを届けるために邁進する。

9th Chapter

佐久間大介

Daisuke Sakuma

—TEAM Snow Man—

佐久間大介の意外なヲタ友交遊録

自身のX（エックス）で意外な交遊関係を明かした佐久間大介――。


『ヲタクって陰キャで独立独歩に見えるかもしれないけど、基本は群れるのが大好きなの。

まあ群れる相手は誰でもいいわけじゃないんだけどね。

そこはヲタク同士、同好の士じゃないと。

逆にいえば交際範囲は狭い。

ヲタク以外の一般社会で生きる友だちはそんなにいない。

俺の場合、仕事以外の自由時間が少ないから、
ヲタク同士の交流を無駄にしたくない気持ちが強い。

ご飯食べるにしても、めっちゃグルメなスタッフさんに誘われるよりも、
気の合うヲタク仲間とラーメン屋さんに並ぶほうが楽しい』

Ｓｎｏｗ Ｍａｎメンバーのグルメランキングでは結構上位にランクインしているはずの佐久間大介だが、テレビ界でもグルメで知られるディレクターやプロデューサーに誘われるよりも、ラーメン屋で唾を飛ばしながらヲタク話に熱中できる相手のほうが『誘われたら嬉しい』というのは、何だかもったいない気がしないでもない。

『確かに焼き肉でもお寿司でも美味しい店に誘われたら嬉しくないわけじゃないけど、何だかんだいって翌日の朝には（排泄物として）外に出ちゃうわけじゃん。でもヲタク仲間と過ごした時間はプライスレスで、その思い出は俺の中に残り続ける。一番いいのはグルメなヲタ友で、これは本当、宮田くんしかいないのよ』

そんな、Ｋｉｓ‐Ｍｙ‐Ｆｔ２・宮田俊哉しかいなかった〝グルメなヲタ友〟界隈の新星が、お笑いコンビ・天津の向清太朗だ。

天津といえばかつてエ○詩吟で一世を風靡し、一発屋芸人の宿命とでもいうべき急下降（？）で消えた天津木村（木村卓寛）のほうが有名だが、向もキモキャラ（失礼！）を存分に活かし、ほぼピン芸人として活動している。

『まぁ相方の木村さんが岩手県に移住して岩手のブレイクタレントになっちゃったからね。いくらコンビでも向さんもついていくわけにもいかないし。だって向さん、今年（2024年）の2月（27日）で44才だからね。これからヲタク界の重鎮としてポジションを築いてもらわないと』

そんな（すっごい）年上の友人、天津向とは〝秋葉原仲間〟でもあると明かす佐久間大介。天津向との交流はキスマイ宮田の紹介で始まったそうだが、さすがに佐久間自身も超有名人となり、キスマイ宮田と秋葉原をフラつくと騒ぎになる。

『平日の昼前しか行かないのに、ビラ配りのメイドさんに見つかって騒がれる。でも向さんと一瞬だと、メイドさんも声をかけてこないんだよね。やっぱ向さん、〝本物のキモヲタ〟に見えるからかな（笑）』

2人を見かけたメイドさんによると「佐久間くんはピンク髪で目立つからすぐにわかるんだけど、隣の人（天津向）はタレントか一般人かわからなくて、声をかけたらその人にキレられそうだったから」だそう。

『向さんはめっちゃ優しいし、
秋葉原に行ったあとはだいたい新橋あたりでご飯を食べるんだけど、
いっつも向さんが奢ってくださるんですよ。
さすがにいつもじゃ申し訳ないから「たまには出させてください」って言うと、
「エエねん、エエねん。さっくんは黙ってご馳走になっとき!」って、
俺にはお金を出させない。
めっちゃカッコいいでしょ』

そんな天津向との交流を自身のX（エックス）で明かしたことがある佐久間だが、それについては向からクレームというか苦情が入ったとも話す。

『向さんと宮田くんはラジオで共演して、
お互いにライバー（アニメ・ラブライブ！ファン）同士で仲良くなったんだってさ。
向さんはＳＮＳも積極的でブログやＸ（エックス）、Ｉｎｓｔａｇｒａｍ、
ＹｏｕＴｕｂｅチャンネル、ニコニコ動画チャンネル、ＴｉｋＴｏｋってやってるから、
俺や宮田くんと〝遊ぶな！〟みたいなコメントがめっちゃ来るらしい。
だから向さんからは、
「俺と遊んだことは隠蔽して。
（各ＳＮＳの）コメント面倒くさいねん」
——ってクレームが入った。
基本、俺は気にせず（向との交流を）上げるけどね（笑）』

皆さんが天津向にどんなイメージをお持ちかはわからないが、佐久間に言わせると――

『漫才師、お笑いタレント、ラジオパーソナリティ、ライトノベル作家、構成作家、声優、インフルエンサー……って、めちゃめちゃ多才な方で尊敬してる』

――そうだから、ファンの皆さんも天津向に凸るのだけはおやめいただきたい（苦笑）。

たとえSNSでどんなクレーム（？）が飛んでこようと、気が合うヲタク同士、佐久間大介と天津向の交流は続いていく――。

佐久間大介が本気で取り組む〝最大出力のコスプレ〟

『基本的にファンの皆さんからは好評だったんだけど、『それスノ』のスタッフさんからは「新年早々、何をやってんの?」って不評寄りだったかな(苦笑)。……てか「『それスノ』でもコスプレやったじゃないですか!?」って言ったら、「アレは番組だったから成立したんじゃない」と説教された(笑)』〈佐久間大介〉

2024年の新年、X(エックス)のアカウントに『ウマ娘 プリティーダービー』『僕のヒーローアカデミア』などのコスプレ写真を相次いで投稿した佐久間大介。

そこには『佐久間たまにこういう仕事してるよってやつ乗っけるわw』とのコメントもついてはいたが、TBS系『それSnow Manにやらせて下さい』のスタッフにはその投稿が不評だったと佐久間大介は嘆いている。

『ファンの皆さんとかは、
「クオリティがスゴい」「コスプレの天才!」って言ってくれたんだけど、
自分の中では何がイマイチ不評だったのかよくわかってないんだよね』

単純な話、『それスノ』側は佐久間のコスプレを独占したいのだ。それは無理な話だとわかってはいても。

「佐久間くんも仕事でやっているのだし、ウチは別に〝コスプレギャラ〟みたいなモノを払うわけでもないので、文句が言える立場ではありません。でもそれでもSnow Man最初の冠レギュラー番組の自負があるので、口だけは少し出したくなったんじゃないですかね?『それスノ』のスタッフは(苦笑)』(TBSテレビ制作スタッフ)

佐久間大介が新年早々披露したコスプレは『ウマ娘 プリティーダービー』のキャラクター・メジロマックイーン、漫画『僕のヒーローアカデミア』の茶毘、『東京卍リベンジャーズ』のマイキーで、完成度の高さが評判になった。

しかしいずれも佐久間が過去に披露したコスプレで新作を投稿したわけではない。だからこそ、『それスノ』スタッフが神経質に反応したようだ。

「それこそウマ娘のメジロマックイーンは『それスノ』で初披露したコスプレだったので、余計に〝俺たちのじゃん〟と思ったのでしょう。誰のものでもありませんが（笑）」（同TBSテレビ制作スタッフ）

当時の番組公式Ｔｗｉｔｔｅｒには「本日のそれスノ杯で『サクマックイーン』がメイクデビューしました‼」と投稿されていたほどで、確かに番組を挙げて盛り上げていた様子は窺える。

『わざわざコスプレ写真を投稿したのは、

本当のところは〝またコスプレの仕事がしたい〟

〝誰か声をかけて！〟のアピールだったんですよね、自分的には。

だから『それスノ』もじんわりと文句言うんじゃなくて、

新しいコスプレオファーをくれればいいんですよ。

俺は喜んでというか、

『それスノ』最優先かつ最大出力のコスプレをやりたいんだから』

――と本音を明かす佐久間大介。

「実はテレビでコスプレをやるのって、原作の許可取りとかが意外に面倒なんです。完成度の高さも求められますし、何よりも〝誰がやるのか〟を入念にチェックされる。ファンや視聴者の皆さんは〝Ｓｎｏｗ Ｍａｎの佐久間大介くんがやるのにチェックなんかいるの!?〟って驚かれるかもしれませんが、たとえばウマ娘はそれぞれのキャラに決まったキャラクターボイスの方もいて、コスプレは一種の実写化ですから、原作のイメージにはめちゃめちゃ神経を使う」（同前）

そんな舞台裏事情はさておき、佐久間大介にとってのコスプレは、ある意味〝ストレス解消〟に近いようだ。

『俺はあくまでもアニメファンだから、
下手なコスプレをやられてガッカリする気持ちはファンとしてよくわかってる。
だからこそコスプレをやるときは本気で取り組みたいし、
自分でも満足度の高いコスプレが完成したときの達成感はハンパない』

佐久間大介が本気で取り組む〝最大出力のコスプレ〟が『それスノ』で見られる日が来るのを期待しよう。

〝カメレオン俳優・佐久間大介〟誕生！

2月23日公開の映画『マッチング』で、マッチングアプリで知り合った主人公・輪花（土屋太鳳）をストーキングする狂気の男・永山吐夢を演じた佐久間大介。

『実際、俺がプライベートでマッチングアプリに登録することはありえないけど、気持ち的には登録して獲物を狙う吐夢になりきって演じられたんじゃないかな。自分で言うのも何だけど、めっちゃ恐い役作りができたと思うから、みんなにもぜひ見て欲しい。「佐久間、結構芝居上手いじゃん」――って思ってもらいたいし（笑）』〈佐久間大介〉

ある統計によると、現代の20代、30代の〝出会いの場〟第1位は、男女ともに〝マッチングアプリ〟なのだという。しかしマッチングアプリによって増えた出会いの裏には、この作品のような〝仕掛けられた恐怖〟が存在するケースもある。

完全オリジナル脚本の映画『マッチング』は、トレンドの裏に潜む恐怖を描く新感覚サスペンス・スリラー。ウェディングプランナーとして仕事は充実しながらも恋愛音痴な主人公・輪花は、自分に思いを寄せるマッチングアプリ運営会社プログラマー・影山剛の助けを借りながら、狂気のストーカー・永山吐夢にどう立ち向かうのか?

『一応、俺も現役のアイドルなわけじゃん?
ストーカー、それもかなり変質者寄りの役柄って、
中には「(オファーを)断ったほうがいい」というスタッフもいたのは確か。
でも『獣道』『ミッドナイトスワン』、
最新作でいえば山田涼介くんの『サイレントラブ』を監督した内田英治監督から誘われたら、
「挑戦するしかない!」って気になるよね。
監督が俺の中に〝どんな吐夢〟像を見い出したのかも気になるし』

映画以外ではNetflixで世界配信された『全裸監督』も手掛けるなど、挑戦的な作品を数多く手掛けてきた内田英治監督。

『『マッチング』を撮影したのは結構前だけど、
今年1月クール、Snow Manのメンバーが〝めめラウ〟抜きでも5人も連ドラに出ていて、
まあ阿部ちゃんはクイズっていう唯一無二の活躍の場があっても、
俺はマジ、少し〝置いていかれた〟感の焦りもあるワケ。
そんな中、役者さんの間でも熱狂的な支持や高評価を集める内田監督とのお仕事は、
俺の自己肯定感をめっちゃ高めてもらえたし、
Snow Manの中でのポジションを確立させるきっかけにもなったと思う。
宮田くんや塚田くんと飲みながら語ったりするんだけど――
「ヲタクは俺たちの生き様ではあるけど、決して〝商売〟ではない。
だからそれぞれのグループの中で存在価値を高めるのは、別の方法じゃなきゃいけない」
――みたいな熱い話になって、
まず宮田くんと塚田くんが、俺が内田監督の作品に呼ばれたことをすごい喜んでくれた。
それが本当に嬉しかった』

もちろん宮田俊哉と塚田僚一だけではなく、Ｓｎｏｗ Ｍａｎのメンバーもまるで自分のことのように佐久間大介の映画出演を喜んでくれた。

ラウールは──

『え〜っ、さっくんストーカー役なの⁉』

──と、一瞬だけ顔をしかめたらしいけど。

『それはラウールが俺のイメージを心配してくれただけだよ（苦笑）。
もともとSnow Manは6人で活動していて、
それが9人になってデビューしてとか、いろいろな経緯はあったけど、
6人時代も9人時代も〝すべてがSnow Manだな〟って今はすごく感じてますね。
ラウールが心配してくれたのもそのうちの一つ。
だから俺には〝メンバーがいるから頑張れている〟という気持ちがすごくあって、
本当にお互いを支え合いながら楽しく過ごしている喜び、実感が強い。
いいグループですよ、ウチは』

――心からそう話す佐久間大介。

『今後はSnow Man、
そしてSTARTO ENTERTAINMENTを代表する、
個性派俳優、カメレオン俳優としての地位を確立したい。
「佐久間大介は難しい役柄になればなるほど光っている」――と言われたい』

今回〝影山剛〟を演じた、こちらも個性派俳優の金子ノブアキは――

『佐久間くんの集中の作り方は凄い。
特にカメラが回る2秒くらい前まで陽気に喋りまくっているのに、
一瞬にして永山吐夢になれる。
あの才能には助けられた』

――と絶賛する。

『それは嬉しい。
だって金子さんって、めっちゃ曲者の役がハマる俳優さんですからね。
その金子さんに吐夢のキャラクターが認められたのは自信になる』

吐夢のキャラクターというより、佐久間自身が認められたんだけどね。
今回のストーカー役で〝個性派演技〟が花開いた佐久間大介。
今後も〝カメレオン俳優〟として活躍する姿が楽しみだ――。

佐久間大介 フレーズ

『昔のアニメやマンガで、
「俺は明日から本気出すぜ!」系のネタとかあったじゃん?
「まだ本気出してない」とか。
アレって一般の人には〝単なる現実逃避〟と思われてるけど、
ヲタクたちには結構励みになるんだよね。
俺もそうだったからわかる(笑)』

もちろん今の佐久間大介はヲタクであることを誇りに思っているが、かつて遠い過去の1ページには、「ヲタクでいいのか?」と悩んだ時期もあったそうだ。そんなとき、挫けそうになる自分を励ましてくれた魔法のフレーズ。

『これはアイドルとして言っちゃいけないことかもしれないけど、
ライブのＭＣで感極まって言葉に詰まったとき、
一番聞きたくない声援が「がんばれー！」なんだよね。
逆にプレッシャーのダンジョンに追い込まれる感じ（苦笑）。
気持ちは嬉しいんだけど』

もちろん観客やファンの皆さんが心からの善意で発する声援に違いないのだが、「頑張っている人間に「がんばれ」の声は、確かにプレッシャーになるばかりなのかもしれない。

『ヲタクとして各方面からキモがられて生きてきた身としては、
他人から浴びせられるストレスの受け流し方を、
完璧に習得している人間が一番強い』

ほんの10年前までは〝ヲタク〟は一括りにされ、今のようにヲタク界の多様性が認められる世の中ではなかった。そんな時代を生き抜いた佐久間大介曰く、『他人から浴びせられるストレスの受け流し方を完璧に習得している人間が一番強い』――とのこと。

エピローグ

昨年10月に旧ジャニーズ事務所が事務所の分離とエージェント契約の導入を発表して以来、Ｓｎｏｗ Ｍａｎのメンバーはラウールの個人事務所である「株式会社ＲＡＵＬ」、阿部亮平の「Ａｓｔｒｏ－ｌａｂｅ Ｌａｂｏ（アストロラーベラボ）」、佐久間大介の「ハレノオト」、渡辺翔太の「Ｗ（ダブリュー）」と、続々と個人事務所の設立を発表した。

「ＳＴＡＲＴＯ ＥＮＴＥＲＴＡＩＮＭＥＮＴ社がエージェント契約を結ぶ際、個人ではなく〝会社対会社〟のほうがメンバーの節税対策になる。個人事務所はいずれもＳＭＩＬＥ－ＵＰ．と同じ所在地（旧ジャニーズ事務所本社）であることから、Ｓｎｏｗ Ｍａｎは新エージェント会社と契約して活動を続ける意思をどのグループよりも早く表明したことになります」（プロダクション関係者）

実のところ公に発表されていないだけで、残る5名のメンバーも個人事務所を設立、ないしは準備中。

Ｓｎｏｗ Ｍａｎの窓口は、本格業務がスタートするＳＴＡＲＴＯ ＥＮＴＥＲＴＡＩＮＭＥＮＴとなる。

「Snow Manは大晦日のYouTube生配信をどのグループよりも早く発表しましたが、その時点でテレビ界や広告業界では〝Snow ManはSTARTO ENTERTAINMENTと契約を結ぶ〟と理解されていました。STARTO ENTERTAINMENTのスタッフにすれば、旧ジャニーズ事務所のタレントたちの中で実質売上げトップのSnow Manが率先して意思表示をしてくれたことで、他のグループが追随してくれるであろう目算が立ってホッとしたでしょうね」

(同プロダクション関係者)

しかしグループ内の意思統一が図られるまでは、岩本・深澤の「(気持ちは)TOBEに行きたい派」と、目黒・ラウールの「(抜けたら)ジュリーさん(藤島ジュリー景子前ジャニーズ事務所社長)に申し訳ない派」で、かなり激しいやり取りがあったという。

「岩本照くんと深澤辰哉くんは、言わずと知れた〝滝沢秀明至上主義〟で、故ジャニー喜多川氏に見捨てられたも同然だった自分たちをデビューにまで導いてくれた滝沢秀明氏に『**どこまでもついていくのが男の生きる道**』──と、まるで浪花節のようなスタンスをとっていました。しかし目黒蓮くんとラウールくんは、『**確かに自分たちをSnow Manに抜擢してくれたのは滝沢くんだけど、映画やドラマ、モデルの仕事を積極的に与えてくれたのはジュリーさんで、大学進学を後押ししてくれたのもジュリーさん。そんなジュリーさんがSMILE-UP.で大変な思いをしているのに、自分たちが滝沢くんの後を追いかけたら迷惑をかける。そっちのほうが恩知らず**』──と主張。そんなとき、岩本くんや深澤くんと並ぶ〝滝沢派〟の河合郁人くんがA.B.C-Zを脱退しても『**旧ジャニーズ(STARTO ENTERTAINMENT)に残る。今辞めたら逃げ出したと思われる**』との立場を表明したことで、本来であれば滝沢派と見られていた渡辺翔太、阿部亮平、宮舘涼太、佐久間大介も残留派に回ったと聞いています」(同前)

何とも生々しいやり取りだが、多数決で残留を決めた以上、これまで以上に成功することが——

『滝沢くんに対する恩返し』〈岩本照〉

——と前を向いたそうだ。

「2024年の1月ドラマでは岩本照くんが『恋する警護24時』(テレビ朝日系)で初の連ドラ初主演を務めると同時に、深澤辰哉くんが『春になったら』(フジテレビ系)、渡辺翔太くんが『先生さようなら』(日本テレビ系)で主人公の高校教師役を、宮舘涼太くんが小芝風花さん主演の『大奥』(フジテレビ系)に、向井康二くんが『リビングの松永さん』(カンテレ/フジテレビ系)とメンバー5人が連ドラに出演しています。通常1年前にはキャスティングがされているので、もしSnow ManがSTARTO ENTERTAINMENTに残留しなかったら、これらの仕事もなくなっていたでしょうね。これは旧ジャニーズに対する忖度とかそういう邪推ではなく、出演契約はテレビ局側と事務所側で結ばれるものなので」(同前)

紆余曲折はあったがメンバーの意思統一により、STARTO ENTERTAINMENTで新たなスタートを切ったSnow Man。

今回の一連の騒動を乗り越えて、より一層強固になった〝9人の絆〟で、さらに最強のグループへと大きく羽ばたいていくことだろう――。

TEAM SnowMan
チームSnowMan

〔著者プロフィール〕
池松 紳一郎（いけまつ・しんいちろう）

大学卒業後、テレビ番組情報誌の記者として活躍。後年フリーライターとなり、記者時代の人脈を活かして芸能界、テレビ界に食い込んで情報を収集、発信している。本書では、彼の持つネットワークを通して、Snow Manと親交のある現場スタッフを中心に取材。メンバーが語った言葉と、周辺側近スタッフが明かすエピソードから、彼らの"素顔"を紹介している。

主な著書に『Snow Man —俺たちのREAL—』『Snow Man —俺たちの世界へ！—』『SixTONES —未来への音色—』（太陽出版）がある。

TEAM Snow Man / Snow Man

2024年2月29日　第1刷発行

著　者……………　池松紳一郎
発行者……………　籠宮啓輔
発行所……………　太陽出版
〒113-0033　東京都文京区本郷3-43-8-101
電話03-3814-0471 / FAX03-3814-2366
http://www.taiyoshuppan.net/

デザイン・装丁 …　宮島和幸（KM-Factory）
印刷・製本………　株式会社シナノパブリッシングプレス

ISBN978-4-86723-159-3

TEAM SnowMan / SnowMan

◆ 既刊紹介 ◆

Snow Man
—俺たちのREAL—

池松 紳一郎［著］ ￥1,500円+税

『困難な状況を打ち破りたいときは、
“何が何でもやり遂げる”気持ちで突破する』〈目黒蓮〉

『自分の目の前にいるファンのみんなをどう喜ばせるか？
――俺たちが考えるのはそれだけでいいんじゃない？』
〈ラウール〉

Snow Man メンバー自身が語る“本心”と“決意”
彼らの“今”、そして“これから”
Snow Man の“REALな今”が満載！

【主な収録エピソード】
・Snow Man が打ち立てる“大記録”への岩本照の本音
・目指せ！ 深澤辰哉“第２の出川哲朗”
・ラウールの恩人は“Snow Man のお母さん”
・サウナー渡辺翔太と岩本照の“筋肉”で結ばれた絆
・向井康二が叶えたい“デビュー前からの夢”
・阿部亮平が描く“妄想デート”プラン
・“テテめめ”で上がった目黒蓮のモチベーション
・尊いペア“だてめめ”はクールでアツい
・佐久間大介のピアスの穴に宿る“友情の証”

Snow Man
—俺たちの世界へ！ —

池松 紳一郎［著］ ￥1,500円+税

『俺ら９人が揃うまで、いろんな奇跡もあった』〈岩本照〉

『たとえ結果的に“結果”を出す仕事ができなかったとしても、
自分の心の中まで負けてはいけない。
心の中は常に“勝者”でありたい』〈目黒蓮〉

メンバー自身が語る“メッセージ”
“知られざるエピソード”で綴る
――“素顔”の Snow Man――

◆ 既刊紹介 ◆

Number_i
—新たなるステップ—

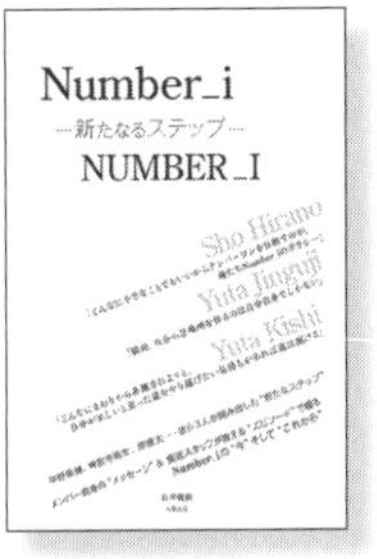

石井優樹［著］ ¥1,500円+税

『どんなに小さなことでもいいからナンバーワンを目指すのが、
俺たち Number_i のポリシー』〈平野紫耀〉

『結局、自分の居場所を作るのは自分自身でしかない』
〈神宮寺勇太〉

『どんなにまわりから非難されようと、
自分が正しいと思った道をやり遂げたい気持ちがあれば、
道は開ける』〈岸優太〉

平野紫耀、神宮寺勇太、岸優太――彼ら３人が踏み出した“新たなステップ”
メンバー自身の“メッセージ”＆側近スタッフが教える“エピソード”で綴る
―― Number_i の“今”そして“これから”

【主な収録エピソード】

・Number_i ３人の背中を押した滝沢秀明の言葉
・平野紫耀が SNS で見せる“新たな一面”
・目黒蓮と Number_i “不仲説”の真相
・“平野紫耀と永瀬廉の確執”――噂の真相
・神宮寺勇太が今改めて挑戦したい仕事
・インスタライブで見せた神宮寺勇太と平野紫耀の“絆”
・岸優太が神宮寺勇太に送った“遅すぎる”誕生日メッセージ
・岸優太“ロゴ騒動”プチ炎上
・平野紫耀がハマる“岸くん構文”
・“岸優太 vs 永瀬廉”の主演作争い

太陽出版
〒113-0033
東京都文京区本郷3-43-8-101
TEL 03-3814-0471
FAX 03-3814-2366
http://www.taiyoshuppan.net/

◎お申し込みは……
お近くの書店にお申し込み下さい。
直送をご希望の場合は、直接小社宛にお申し込み下さい。
ＦＡＸまたはホームページでもお受けします。